JN438658

사람 향이 그립다

사람 향이 그립다

장효근 수필집

수필과비평사

십 년 세월의 글을 엮으며

강산도 변한다는 세월 동안 수필을 쓰다가 말다가,
사람살이에 여념 없었다.
우리 집 행운목이 여러 차례 꽃을 피웠으나
열매를 맺지 못했다.
꽃이 피고 지는 침묵의 언어에 애면글면
말을 걸어보고 심중에 고이 안아볼 뿐이었다
마치 한 편 두 편 태어났다가 시들어가는 내 글인 양
연리매화는 홍매, 백매의 꽃을 어여삐 피웠다.
푸른 매실을 매다는가 싶더니 도사리가 되었다.
도사리일지언정 마음자리에 따뜻이 품었다.
어쩌면 나의 글이 그럴지도 모르겠다.

그래도 글을 쓰면서

세월만 한 겸손과 나이만 한 이해를 배우려 했다.

실팍하지 못할지라도

내 묵상의 언어가 독자의 심금을 건드려주면 좋겠다.

무엇보다도 이웃의 영혼을

온유하고 따스하게 울려주면 좋겠다.

남은 날을 위해 꿈이 있다면

뿌리 깊은 나무로 살아가고 싶다.

2016. 한가을에

장효근

목차

1.

2.

3.

4.

5.

6.

1.

매화와 행운목이 피었을 때

능수매에 어린 정

꽃말 기다림

죽취일에 마술을 걸다

사람의 향기가 그립다

난蘭은 눕지 않는다 2

달팽이

기적의 사과처럼

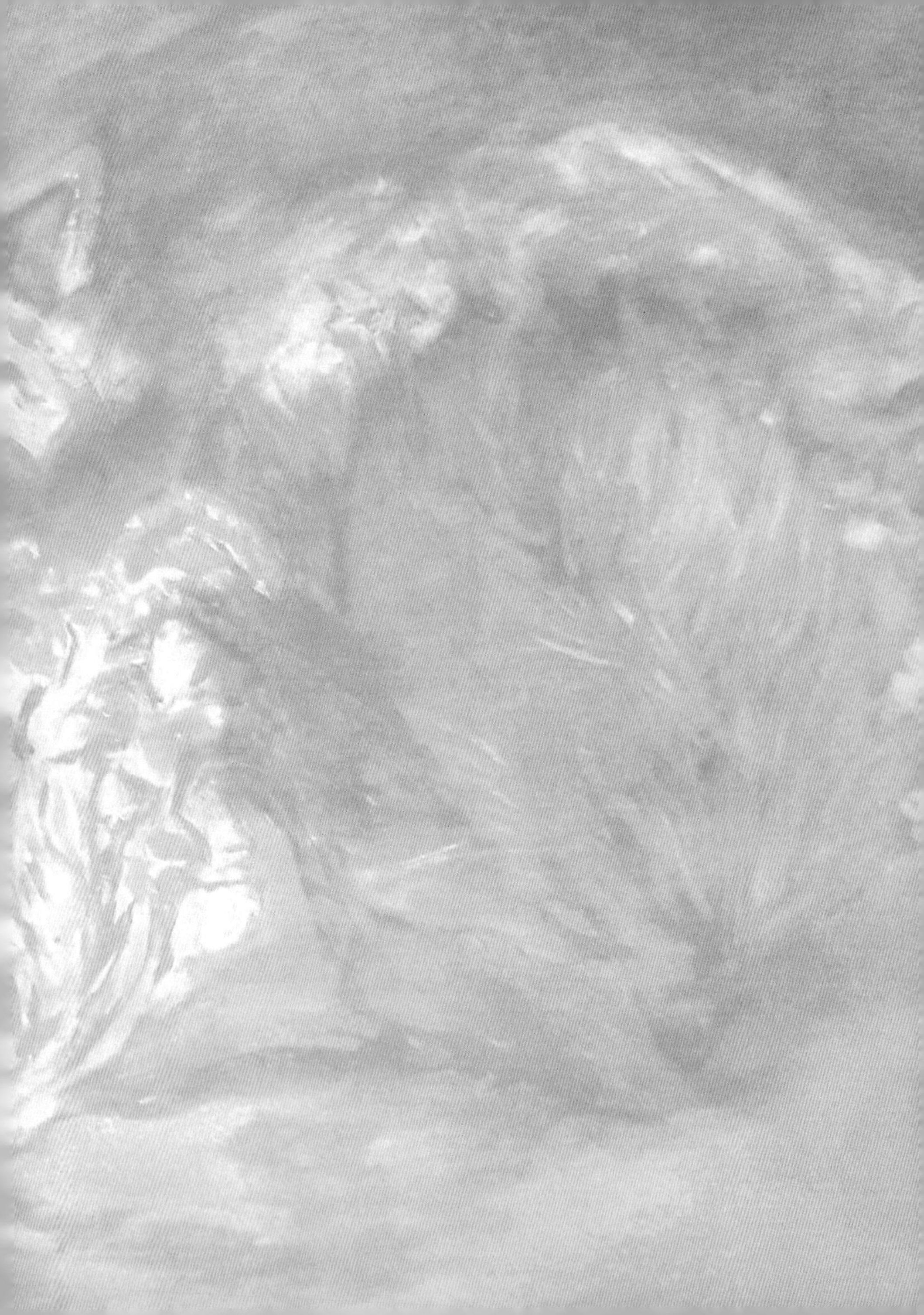

매화와 행운목이 피었을 때

소한, 대한의 추위를 치르면서 꽃눈이 백매 티를 냈다. 처음 꽃받침에 싸여 있다가 봉긋하게 흰색을 드러낼 때쯤이면 자주 눈길을 보냈음에도 그만, 첫 송이가 피어나는 때를 놓치고 말았다. 그게 그 모양새 같은데도 가만히 들여다보면 항상 같은 모습이 아니다. 다문 입술이 이제 열리는가 싶으면 어느새 반이 열려있고 또 금세 만개한 모습이 된다. 어느 땐 무심결에 베란다의 문을 열었을 때 코끝에 스치는 향내를 맡고서야 어쩌나, 만개한 매화꽃을 들여다본다.

해마다 설날을 전후로 피는 매화를 나는 청객清客이라 부른다. 올해도 어김없이 기쁨을 안겨주는 청객을 맞이하기 위해 청소를 했다. 응접실에 앉아서도 잘 보이는 곳에 매화 화분을 옮겨놓았다. 매화는 썰렁한 베란다에서 그만의 속성을 드러내고 있다. 한기를 느껴 움츠러드는 나와는 달리 의연하게 피어있는 매화 꽃잎. 아기의 살처럼 연약한 이파리가 빛이 스며든 창호지처럼 맑다. 세포 하나하나가 살아있는 듯 윤기가 흐른다. 매향은 참 은은하다. 굳이 향내를 바라볼 수 있다면, 아지랑이가 피어오르는 것처럼 보일락 말락 하다고나 할까.

며칠 후 입춘. 아침 일찍 외출하여 저녁에서야 집에 들어서는데, 순간 코끝을 자극하는 진한 향기가 달려들었다. 이게 웬일이람? 행운목의 꽃향기가 아닌가. 매화가 봉오리를 터트리기 시작할 무렵 행운목에도 꽃대가 나오기 시작했다. 한 열흘 지나자 꽃대가 내 팔길이만큼 길어지면서 군데군데 꽃무더기를 만들었다. 드디어 유백색 봉오리가 조그만 별꽃으로 피어난 것이다. 향수병의 뚜껑을 열어 코에 가까이 대었을 때처럼 진한 향내가 났다.

행운목 향기는 야래향처럼 밤에만 향기를 풍긴다. 그 진한 향기가 해거름이 되면서부터 어김없이 향내를 풍기다가 새벽닭이 울면 거짓말처럼 사라진다. 꽃송이 수에 따라 향내가 다르다. 꽃무더기가 한꺼번에 피는 절정기에는 곁에 오래 있으면 머리가 아플 정도다. 밀폐된 공간에서는 진한 향기에 질식할 수 있다는 백합꽃 이야기가 생각났다. 문을 열어 환기를 시키니 한층 부드러워졌다. 꽃무더기 주변에서 꿀이 흘러내렸다. 잎사귀에도 몇 방울, 바닥에도 몇 방울 뚝뚝 떨어뜨린다. 향이 진한 만큼 꿀도 진해 끈적인다. 벌꿀이 만들어준 꿀맛보다 행운목꽃의 꿀샘에서 흘러내린 꿀을 맛보며 사니 좋다. 가냘픈 꽃잎 어디에 밀선蜜腺이 흐르고 있을까.

엄동설한에 매화는 베란다에서, 행운목은 응접실에서 꽃을 피웠다. 유리창을 사이에 두고 냉온의 차이를 느낀다. 응접실에선 진한 향내를, 베란다에선 은은한 향내를 풍긴다. 번갈아가며 흠흠거리곤 한다.

매화는 투박한 등걸과 맨가지에 이파리도 없이 다문다문 붙어 있는 꽃송이에 기이함이 깃들어 있다. 행운목은 큰 키에 무성한 잎사귀를 늘어뜨리고 우둠지 사이에서 꽃대가 나온다. 행운목꽃은 잎에 파묻힌 셈이다. 잎사귀가 시원스럽게 늘어진 모습이 보기 좋다. 매화와 함께 피어서 제 빛을 보지 못하고 뒷전으로 물려난 신세가 된다. 게다가 행운목꽃은 후다닥 지고 말면 그뿐, 또 언제 꽃이 필지 알 수 없다. 행운목을 기른 지 십여 년 만에 처음 꽃을 보았는데, 이번에 삼 년 만에 또 꽃을 피워 우윳빛 진한 향기를 풍겨준다. 우리 가족은 축제처럼 들썩였다.

매화꽃은 낙화해도 향기를 머금고 있다. 그 은은함이 긴 여운을 남긴다. 여러 날, 매화와 행운목의 꽃향기에 호사를 누리면서

굳이 그 둘의 우열을 가리려는 야릇한 심사가 일었다. 흔한 꽃이 아니거니와 다디단 향기를 내는 행운목꽃도 좋지만, 왠지 매향의 은은한 여운에 마음이 더 끌림을 어쩌랴. 깊은 심연의 소리를 듣듯, 그윽한 맛을 음미하게 해주는 매화에게 번쩍 손을 들어주었다. 매향의 극치를 노래하던 선비나 시인들이 평가한 고매한 품격에 편승했음에 틀림없을 게다.

인생이 한 그루의 나무라면 꽃피울 때만큼의 전성기가 있을까. 그것도 대가 없이 남에게 향기와 열매를 줄 수 있을까. 벌 · 나비가 없어도 꽃은 피고, 실바람 한 가닥 없어도 향기는 온 집안에 머물다 사라졌다. 은은한 꽃향기에 귀인을 만난 것처럼 행복했다. 나도 그렇게 향기 나는 사람으로 살아갈 수 있으려나, 막연한 기대를 해보는 아침, 햇살이 참 곱다.

능수매에 어린 정

입춘이 지났다고는 하나 아직도 엄동설한이다. 꼭 설날 즈음이면 따사로왔던 날씨가 강추위를 하여 얼어붙고 설맞이는 더욱 어설프다. 입춘, 우수가 들어있는 달이고 보면 봄을 기다리는 마음은 성급해진다. 그때를 같이하여 우리 집에는 매화꽃이 피기 시작한다. 새해를 보내면서 매화로 하여 고운 마음을 갖게 되는데 여러 해가 되었다.

저때 막내오빠가 새 아파트로 이사하여 집들이를 하였다. 많은 화분들 중에 유독 나의 눈길을 끈 것은 꽃송이로 다보록한 매화나무 분재였다. 얼마 후에 방문하여 보니 춘삼월 추위에 냉해를 입었는지 고사목이 되어 베란다 구석으로 밀려나 있었다. 당시의 매화분에 눈독을 들일 정도로 매료되어서인지 안타까움이 컸다. 행여나 하여 잔가지를 꺾어 보니 뚝뚝 부러지는 게 마른 삭정이었다. 그래도 등걸이 제법 굵은 매화나무를 뿌리째 뽑아들고 와서 연신 마르지 않도록 보살폈다. 단지 매화나무라는 이유 때문에 더욱 정성을 들였는지도 모른다. 연록색의 피돌기를 연상하며 어덕진 나무 등걸을 손톱으로 긁어도 보고 이따금 가지를 꺾어 보아도 여전히 뚝뚝 부러졌다. 그루터기로 남겨 볼까 하다가 기다려보기로 했다.

이듬해 봄소식처럼 밑둥에서 한 개의 눈을 떴다. 움이 튼 것이 잎새가 되어 한줄기로 뻗어 나가면서 잔가지를 친다. 여름이 되자 그 한줄기로 마른 등걸과 죽은 가지들을 휘감았더니 헤싱헤싱하지만 언뜻 보면 매화나무가 회생된 듯 보였다. 매화꽃을 보리라는 상상도 못하고 매화 분이 집에 있다는 사실만으로도 마음이 흐뭇했다.

그렇게 몇 해를 지냈다. 설날 연휴 끝에 물을 주러 베란다에 나갔다가 은은한 향기에 눈이 머문 곳은 매화나무였다. 매화꽃은 목마름에 생기도 없이 시들한 모습이었다. 화들짝 놀란 가슴은 기쁨에 마냥 설레었고 명절증후군까지 사라지는 듯했다.

꽃을 보기 전에 향기로 먼저 꽃소식을 전해준다. 백매 홑꽃이다. 꽃송이야 예닐곱 송이지만 몇 번을 헤아려 본다. 그제서야 화분의 겉을 씻고 물을 주어 응접실로 들이고 손님에게도 보여 주었다. 꽃에 가까이 다가서서 향기를 맡으며 호들갑을 떨었다.

그 후로 정월이면 어김없이 꽃소식을 전해준다. 스물여덟 송이가 피어나고, 해가 갈수록 백여 송이를 넘도록 세어보는 낙으로 성글지 못한 봉오리를 키운다.

언제인가 경기전 뜨락에 낙화한 매화를 손바닥에 주워담아 꽃술을 세어보았다. 삼십여 개의 꽃술을 달고 낙화한 꽃에서도 향내가 났다. 꽃술에서 암향을 내는 걸까. 매화 향으로 정갈한 마음 갈피를 잡아 길 위에 선다. 언제부터인가 문향에 발길을 들여놓았지만 매처학자의 경지에는 이르지 못한다. 이른봄이면 이곳저곳 매향을 찾아 떠나기도 한다. 진정한 매화의 매력을 느껴보려 하나 고매한 매향의 품격에는 다가가지 못한다. 매화의 향기와 겉만 볼 줄 알았지, 내면의 세계에 미치지 못하면 청맹과니에 지나지 않을 터이다.

우리 집 매화는 해를 거듭할수록 진가를 하나씩 드러낸다. 처음 만났을 때 화원에서 분재로 키웠기에 성긴 잔가지에 소담스러운 꽃송이를 보았다. 햇순이 나오면 팔길이만 한 제 키와 화분의 길이보다 더 길게 늘어뜨린다. 능수매화이기 때문이다. 이제는 가지의 순을 집어주거나 가지치기를 접고 이름에 맞게 그대로 두기로 했다.

잎새 하나로 죽은 삭정이들을 감쌀 수 있는 것도 능수매화려니 했다. 화첩에 보니 "수양버들처럼 늘어지며 꽃이 아래를 향해서 피는데 품격이 높다고 하여 수양매"라고 소개되어 있다. 매화나무가 비스듬한 모습은 갖추었으나 늙고 기괴한 등걸이 되자면 많은 세월을 기다려야 할 것이다.

올해엔 문칫문칫 다가오는 맑은 향기를 느낄 수 없었다. 베란다에 히터를 켜 놓아선지 매화가 우루루 다투어 피더니 겉마른 매화꽃잎이 한꺼번에 지고 말았다. 다른 화초들을 배려하다 보니 매화의 성질을 거스른 것이다. 꽃몽오리가 차례차례 성글게 피고 지며 향기에 젖어 말동무처럼 지낼 여유를 잃었다. 삼백예순 날 손길을 보냈는데 허망하다.

창밖에서 하얀 눈이 펑펑 내리는 정경 속에서 피어나던 매화의 그윽한 향기가 새삼스레 그립다.

꽃말
기다림

삼월이 지나가는 길목에서야 내 눈길이 갔다. 한뎃잠을 자던 동백의 잎이 혹한에 냉해를 입어 검버섯으로 얼룩져 있다. 애잔한 마음으로 나뭇가지를 쓸어내리는데 땅위에 석류꽃인 양 꽃 두어 송이가 떨어져 있다. 떨어진 꽃은 꽃이 아닌 줄 알았다. 석류꽃마냥 귀가 닳아빠진 모양새다. 어느 시인은 "지는 동백꽃은 일순간에 져버리는 순교"라고 말했지. 낙화도 반가워서 두 손으로 호호 입김을 불어주듯 들어보니, 노란 수술을 꽃다발처럼 꼬옥 안고 있다. 동백꽃이라니! 동백 가지 사이사이를 들추어보다 서너 송이 꽃을 보고 눈을 떼지 못했다. 혹한과 바람을 피해 낮은 가지들 속에 숨어 피어 있다.

서천 비인해수욕장은 해안선이 아름다운 백사장이었다. 바닷가 야산은 해풍에 풍성하리만치 꽃을 달고 있는 동백나무 군락지였다. 쪽빛 하늘과 쪽빛 바다에 꽃등을 달고 있는 동백나무 숲은 이상향의 언덕이었다. 나무 아래 뚝뚝 떨어진 꽃의 슬픔도 모른 채 꽃등이 수없이 떨어진 꽃자리를 아름답게 보았다. 생채기 없는 꽃등을 손안에 수북이 담았다. 떨어진 꽃으로 다시 피는 꽃처럼 하트를 그리고, 어릴 때 감꽃목걸이를 만들 듯이 동백꽃 목걸이를 만들었다. 한 쌍의 원앙이 되는 꿈을 꾸던 결혼 전에 새긴 추억이다.

동백 씨알을 심은 것이 스무 해도 넘었다. 추억을 더듬어서 세 아이들과 함께 엄마 · 아빠의 청춘시절을 이야기하며 동백정엘 갔다. 백사장은 기억의 그림자를 길게 늘일 뿐, 발전소가 떡 버티고 있고 그 옛날 풍경은 환상 같았다. 아이들은 동백꽃과 정자에서 내려다보이는 바다의 모습으로도 환호했다. 내려오는 길에 관리인이 우리 가족 다섯 명에게 엄지손톱 크기만 한 실하고 윤기 흐르는 동백 씨알을 건네주었다.

아이들과 동백정을 다녀온 후 다섯 알을 심었다. 이듬해 두 개의 떡잎이 나왔다. 누구의 몫인지는 몰라도 서로서로 자기 몫이라고 물 주기에 정성을 쏟았다. 물창이 들었는지 한 그루는 사라지고 한 나무만이 한 해 두 해 나이테를 키워 나갔다. 키가 자라고 곁가지들이 늘어가면서 윤기 자르르한 잎을 보는 게 낙이 되었다.

따뜻한 남도와는 달리 가장 북쪽에서 피는 동백정의 동백은 해풍 탓이라고, 키는 크지 않고 많은 가지가 자기의 숲을 만들었다. 내가 심은 열매도 서천 앞바다의 해풍과 해조음을 기억하고 있는 것인지 줄기가 다복하니 닮았다. 한 십 년쯤이면 꽃을 보려니 했다. 아파트 공간에서 꽃을 볼 수 있을까, 조바심이 생겨서 교회의 화단에 옮겨 심었다. 일주일에 한두 번은 볼 수 있으려니 마음까지 옮겨 심었지만 스무 해가 지나도록 꽃눈을 틔우지 못했다.

세 아이들이 장성하여서 저마다 새로운 둥지를 틀었다. 고향을 떠나 머나먼 이국 땅에서 뿌리를 내리고 객지에서도 보금자리를 만들어 2세들을 키우고 있다. 십 년이면 강산이 변한다는 시절이 두 번씩이나 지나왔어도 동백나무만은 감감무소식이었다. 동백나무에게 물오르는 봄도 여름도 아이들의 세월만큼 지나갔으련만 씨알의 윤회는 오지 않았다.

꽃말에 기다림이라는 언어가 생각이 나서 또 기다리기로 했다. 거름도 두 배, 몇 배의 눈길에도 반응이 없어 극처방을 해보았다. 사골을 우려낸 뼈를 삭혀 묻어주고 냉장고에 갇혀 있던 오래된 각종 영양제를 나무 근처에 묻어주었다.

동백지기가 되어 이제는 동박새와 사랑의 끈이라도 이어주고픈 마음이 굼닐었다. 선홍색 꽃 속에 얼굴을 파묻고 꽃가루 듬뿍 묻혀가며 꿀 빠는 소리인지 우는 소리도 맑고 아름답다는 동박새를 불러들이기나 할는지…….

애면글면 꽃을 기다리던 마음이 가장자리로 물러날 즈음이었다. 숨어 피어나는 속내도 눈치채지 못한 채 땅에 뒹구는 상흔의 모습으로 눈에 들어왔으니……. 동백을 향한 사랑의 끝자락에서야 내 마음을 붙든 붉은 요정. 동백꽃은 기억의 꽃이었다가 기다림의 꽃이었다가 순간의 꽃이 되었다. 이제는 꽃을 보았으니 다함이 없음에도 꽃의 요정이 씨알을 점지해줄 것을 기다린다. 그래서 기다림이 동백꽃의 꽃말이 되었는가 싶기도 하다.

기나긴 여름 뙤약볕과 우레를 견디고, 가을 햇살을 머금고 있을 붉은 기다림의 꽃눈을 찾는다. 겨우 몇 개의 꽃눈을 보고 테를 두른 부분이 꽃받침이나 꽃자루가 되겠구나 짐작해 본다. 햇살에 탱탱한 잎눈에 비해 가지들 속에 숨어있는 꽃눈은 연록빛을 띠고 있다. 겨울, 빈 들녘에서 불어오는 칼바람을 피하느라 가지들 속에 웅크린 게다. 해가 갈수록 꽃송이가 늘어갈 테고 그러다보면 열매도 맺힐 날이 오겠지. 토실한 열매를 딸 때까지 동백지기는 숨죽이며 눈도장을 찍을 것이다.

죽취일에 마술을 걸다

죽취일竹醉日에 마술을 걸었다. 음력 5월 13일. 이날은 대나무가 정신을 잃을 만큼 취하는 날이란다. 이날에 옮겨 심으면 뿌리를 잘 내린다는데, 이날이 아니어도 옮겨 심고서 종이에 '음력 5월 13일 죽취일' 이라고 써 붙이면 효과가 있단다.

대나무 옮겨심기를 두 번이나 실패했다. 세 번째엔 처방을 써 보았다. 처음과 두 번째는 일반 대나무였고 세 번째는 오죽이었다. 오죽은 신선한 곳에서만 뿌리를 내린다더니 몸살이 심했다. 병이 들어 약물 신세를 지기도 했지만 새순이 벌어갔다. 성급한 마음처럼 순죽筍竹이 나와 마디가 쑥쑥 커졌지만 어른의 키 정도에서 그치고 말았다. 잎이나 줄기가 같은 연두색이어서 마음을 졸이기도 했다. 까마귀처럼 검은색을 띤다 해서 오죽이라는데 처음부터 검은색을 띠는 게 아니라 몇 개월이 지나면서 서서히 검은색으로 변해 갔다.

사군자인 매화, 난, 국화, 대나무 그림이 안방에 있다. 오랫동안 자개장롱의 그림을 보면서 사군자의 매화, 국화, 난을 쳐봤는데, 대나무를 칠 때부터 붓을 놓았던 옛 생각 때문인지 대나무에 애착이 갔다. 베란다에 매화, 난, 대나무가 있음에 괜히 들떴고, 가을이 되어 국화꽃 화분이라도 들여놓으면 사군자의 구색을 갖춘 것 같아 기분이 좋았다. 어쩌면 애써 구색을 갖추었는지도 모른다. 군자의 흉내라도 내어볼 직해서다.

사시사철 대나무의, 청정한 댓잎을 유지하는 것은 쉬운 일이 아니었다. 겨울이 되면서 흡사 대나무가 죽은 것처럼 마른 잎이 되어갔다. 베란다에서 자라는 환경 탓에 짙푸른 댓잎 숲을 이루지는 못한다. 온상의 화초 같아서 대나무의 기질을 맛볼 수가 없다. 촉촉이 비를 맞은 우죽雨竹일 때 모습도 볼 수 없다. 대나무 바람소리도 들리지 않고 바람에 흔들리지도 않아 풍죽風竹 모습도 없고 바람소리도 들리지 않았다. 다만 마음속에서 우는 바람소리의 여운은 아직도 가슴 한곳에 여전하다. 눈에는 바람에 흔들리고 가슴엔 스산한 바람 한 자락 자리하고 있는데, 베란다엔 묵은 댓잎뿐이다. 그래도 달빛이 스미는 밤이면 희부연 아亞자 창문에 비친 댓잎 그림자가 그럴싸하니 마음을 일렁이게 했다.

한 줄기씩 훑기도 하고 한 잎씩 뜯어내자니 한움큼이다. 상서로운 기운이 맴도는 나무를 기른다는 것은 아녀자로서는 흉내 내어서는 안 되는 일인가 보다.

죽녹원에 몇 차례 다녀왔다. 대나무숲은 바라만 보아도 기운이 서린다. 대숲으로 난 길을 걷노라면 하늘빛이 새어들 수 없어서인지 한여름에도 서늘한 기운이 느껴진다. 겨울 눈 내린 대숲은 한기로 등줄기가 오싹하다. 때 묻지 않은 사람들만이 발자국을 내야 할 것 같은 신선세계에 온 듯 발걸음이 조심스러워진다. 하얀색과 녹색의 어울림은 신비의 세계다.

오뉴월의 대숲은 죽순의 속삭임으로 수런거린다. 여기저기서 고깔모자 쓰고서 고개를 내밀고 대숲의 빈자리를 채우고 있다. 이제 막 겹겹이 두른 테를 벗고 이슬 걷힌 맑은 연록색 대나무는 신선하다. 여기저기 연한 대나무 줄기에 생채기를 내고 낙서를 하다니, 참 못할 짓이다. "갓난아기 속살에 문신을 새기는 짓이지!" 푸념을 한다.

허공을 찌르듯이 솟은 키에 비해 뿌리내림이 깊지 않아도 바람에 넘어지지 않음은 비움 때문이란다. 사람들에게 마음을 비우는 법을 알려주려고 마디마다 비움으로 채웠다. 대통밥을 앞에 두고서 배를 채울 수는 있지만 속 빈 마음을 채울 수는 없었다. 대나무가 지닌 속성과 사람이 지닌 속성이 다르니 대나무의 속성을 닮기 원하는 마음으로 온갖 생활도구를 만들어 쓰고, 대통 속에 밥을 지어 먹나보다. 밥 한 끼로는 사람의 속성이 아랑곳하지 않을 터. 속됨만 키울 뿐이다. 오히려 속살이 쪄서 비움의 의미가 무색해지지는 않을까 몰라.

어떤 시인은 "백초는 다 심어도 대는 심지 않겠다." 구슬픈 가락을 내는 피리를 만들기에, 화살을 만들어 쏘면 돌아오지 않기에, 여윈 임을 그리느라 그림을 그리고 글씨를 쓰는 붓대를 만들기에…….

"나무도 아닌 것이 풀도 아닌 것"에 많은 손길을 담아 분죽盆竹을 키운 지 몇 해. 다음 해엔 더 푸른 댓잎을 보기 위해 두루 거름을 묻는다.

사람 향이 그립다

향기에 취한 날이다. 호스피스 봉사자 교육 프로그램에서 인기를 끈 허브교육 덕분이다. 환자를 돌보면서 활용해보면 도움이 되리라는 취지이다.

향기 나는 식물의 꽃과 열매, 잎, 줄기, 뿌리를 약이나 향료로 사용하여 사람을 이롭게 하는 모든 식물을 허브라 한다. 또 허브를 증류하여 오일과 아로마로 추출하여 몸과 마음을 건강하게 하고 면역력을 키우면 자연 치유에 도움을 준다.

열매는 주로 소화촉진을 시켜주고 이뇨작용이나 해독작용을 돕는다.

과일껍질은 기분전환이나 살균, 지성피부를 만들어준다.

허브 줄기는 살균소독, 심신을 안정시키는 효능이 있다.

꽃봉오리는 생식기능을 강화시키고 감정을 조절한다.

잎은 호흡기를 좋게 하여 면역력을 길러주고 순환을 돕는다.

뿌리는 원기를 회복시키고 정신을 안정시킨다.

허브는 어느 한 부분도 버릴 것이 없는 유용한 식물이다. 사람의 머리는 식물의 뿌리이며 폐는 잎과 같고 생식기는 꽃을 의미한다고 한다.

맨 먼저 우리를 기분 좋게 한 것은 라벤더 향이다. 약방의 감초처럼 쓰임새가 많고 어린아이부터 노인까지 안심하고 쓸 수 있다. 불면증으로 깊이 잠들지 못할 때, 혈압이 높을 때 마음을 진정시켜주는 효과가 있다니 나에게 적격이겠다. 향을 바른 종이 테이프는 우리를 행복하게 했다. 꽃향기에 친숙한 향수라서 역시 부드럽고 호감이 갔다.

로즈, 재스민, 페퍼민트, 일랑일랑, 자모, 레몬, 만다린, 버가못, 오렌지, 티트리, 캐모마일, 제라늄, 파인, 사이프러스, 주니퍼베리.

갖가지 향을 맡아보니 코를 피곤하게 하고, 일렁일렁 향기멀미가 나더니 머리까지 지끈지끈 무겁게 만들었다. 향이 독이 된 셈이다. 향기에 취한 우리들은 이구동성으로 역시 로즈 향이 제일이라고 입을 모았다. 꽃 중에 여왕이라는 찬사가 헛소문이 아니었나 보다.

허브나 아로마테라피라는 용어가 생활 깊숙이 들어온 지 오래다. 멀게는 단군신화에 나오는 마늘과 쑥 이야기나 『동의보감』 또는 『본초강목』에서 2000가지 이상의 식물이 처방되었다지 않은가. 고대 이집트까지 거슬러 올라가면 향유와 향수가 치유의 수단이었음을 알 수 있다. 수년 전 이집트에 갔을 때 향수 전문매장에서 그 역사를 짐작할 수 있었다. 규모도 크고 식물에서 향수가 되어 나오기까지의 과정을 보는데 신비한 체험이었다. 그때도 여러 가지 실험 중에 증류수에서 채취하는 향기에 매료되었다. 비염으로 코막힘 때문에 킁킁거리던 딸아이를 위해 페퍼민트 향을 샀다.

예수님이 탄생하실 때 동방박사가 몰약, 유향, 황금 세 가지 선물을 드렸다는 이야기는 어린 시절부터 성탄절 단골 대사 중의 하나다. 뿐만 아니라 향유는 각종 종교적인 의식에도 등장한다. 구약에서는 제사의식을 통해 예배가 이루어졌다. 성소에는 분향할 향단을 만들고 향기로운 향을 사르는 일이 끊어지지 않았으며 하나님이 향기를 흠향하시는 것으로 표현되었다.

우리의 생활공간에서도 라벤더, 로즈마리, 장미허브를 키우고 허브꽃을 얹은 비빔밥도 먹어보았다. 비빔밥 위에서 연한 속살을 내비치며 숨죽이고 있는 꽃이파리를 차마 입속에 넣을 수가 없어서 이리저리 굴리다가 끝에 가서야 입안에 넣었다. 입에 넣지 말아야 할 이물질처럼 생각되었지만 마음만큼은 설레었다. 달맞이꽃 식품을 먹을 때마다 "달맞이꽃을 먹다니" 하고 읊은 어느 시인의 시구가 섬뜩한 울림으로 다가설 때와 같은 느낌이었다.

일상에서 귀하게 여기지 않은 식물들이 새삼스레 돋보인다. 냉이, 달래, 고들빼기, 씀바귀, 참취, 쑥, 두릅(감소향). 산야에 지천으로 널려있는 들풀에서 은은하게 후각을 진동시키고 싶다. 발걸음을 부여잡는 칡꽃 향기가 그립다.

오늘날은 천연이든 인조든 향수를 에티켓처럼 이용한다. 방향제의 쓰임새도 다양해져서 생활 공간 곳곳에서 만난다. 향은 사람의 후각을 마비시키고 사람의 향기를 잊어버리게 한다. 향수는 휘발성 물질로 일회적이다. 사람의 체취나 사람 냄새는 몸에 지니는 것이다.

사람의 체취를 느끼며 사람 냄새가 나는 사람의 향기를 내면에서 길어 올리며 살 수는 없을까.

난蘭은 늙지 않는다 2

고하문예관에서 수필 이야기를 듣고 덤으로 난蘭 화분을 얻었다. 갈증에 허덕이는 난의 숨소리를 듣는 듯 난석이 건조했다. 목을 축이도록 물을 주니 쏘옥쏙 물 먹는 소리가 들린다.

한숨 돌린 뒤 분갈이를 했다. 화분이 유약을 바른 것이므로 토분으로 바꾸었다. 화분을 쏟으니 하얀 난 뿌리들이 얽혀 있다. 마치 칼국수 가닥처럼 탱탱하고 구불구불하다. 하얗고 비어있는 듯하지만 속에 실가닥 같은 심지가 있다. 아마도 이 질긴 심지가 난의 기운을 돋우어 주어 난 생명의 지주가 되어주지 싶다. 상한 뿌리를 잘라내고 다섯 촉과 네 촉으로 갈라 화분 두 개에 나눠 심었다.

철망 구멍이 굵은 것, 중간 것 두 개의 체로 체질을 한다. 체질을 하여 난석도 굵은 것, 중간 것으로 거르면 가는 난석까지 고르게 나뉜다. 난석은 공기층이 있는 것처럼 가볍다. 체질을 하여 난석을 고르면서 마음의 체질도 해보고픈 마음이 인다. 때로 마음을 '돌같이 굳은 마음'이라고 표현하지 않는가. 마음속의 응어리를 잘게 바수어 체질을 하고 몽근 앙금도 스르르 빠져 나가게 하려면 여러 종류의 체를 장만해야겠구나. 자잘한 알갱이가 빠지지 않을 때는 손으로 문지르기도 하고 한 번씩 체 둘레를 툭 툭 치면서 걸러야 한다. 잠자던 내 앙금까지 깨우는 소리처럼 들린다.

제일 아래에는 깍두기 크기로 잘라놓은 스티로폼 몇 개를 넣었다. 통풍이 잘되게 하기 위해서다. 난을 앉히면서 굵고 큰 난석을 한 두름, 중간 것으로 한 두름씩 크기대로 차근차근 채운다. 보세난으로 잎이 자르르 반듯하니 기품이 있어 보인다. 나는 동양난을 좋아한다. 잎줄기만 보아도 보암 직하고 삽상한 바람에도 바람을 깃들일 줄 안다. 굳이 꽃을 피우지 못해도 잎끝에 이슬꽃만 맺혀도 그만이다.

난을 치던 문방사우가 서랍장에 갇혀 있어도 잎을 볼 때면 난을 치던 느낌을 손이 따라간다. 엽맥 부분이 휘어진 부분을 가늘게, 다시 넓게 하면서 끝이 처지지 않게 마무리하는 손놀림을 생각만 해도 기운을 느낀다. 풀잎의 끝이 처지는 것에 비해 '난잎은 눕지 않는다'는 강한 이미지가 아직도 손끝에 살아있다. 난 꽃잎 안에 마음心자를 꽃술로 그려 넣을 때 신선한 마음이 가장 고조된다. 심장을 본떠 만든 모습이라더니 향기에 생명이 있음인가. 나이가 들면 들어앉아 먹을 갈면서 살려고 했건만 묵향이 내 곁에 머물지 않는다. 문방사우야 그렇다 쳐도 농지기마냥 개켜 있는 화선지나 태지 묶음은 어찌할까.

십여 년 전, 애란인愛蘭人 친척으로부터 십여 개의 분을 분양해 왔다. 난을 분갈이하여 난석을 고르고 심는 방법부터 실습을 시키고 관리하는 경험담을 들려주었다. 매월 발행되는 난 전문잡지도 주었다. 난을 기르려면 먼저 물주기 삼 년, 분갈이 삼 년, 꽃 피우기 삼 년을 지나야 한다고 했다. 그때부터 나에게도 난蘭 사랑이 시작된 셈이다. 석삼년을 지나면서 삼 단짜리 받침대 두 개를 채울 만큼 분이 늘었다.

어느 해 여름. 베란다 유리창 안 햇볕의 온도계는 40도를 웃돌았다. 발을 드리워주고 베란다 바닥에 비닐을 깔고 마루턱이 있는 곳까지 물을 찰랑거리게 받아 놓고 지냈다. 난의 생육을 위해 정성을 다한 것이다. 그래서인가. 여러 가지 꽃이 피고, 특이한 난화가 되면 교회 강단에 올려놓았다. 교회 안을 향기로 채우는 기쁨을 맛보았다.

어느 겨울날, 따사로운 햇살에 베란다 창문을 열어놓았다. 난화분에 햇살 한줌 내려주고 싶어서. 아뿔싸, 창문을 열어놓은 채

겨울밤을 샌 것이 난에게 냉해를 입히게 되었다. 봄날이 되어도, 여름까지 미련을 버리지 못하는데 냉해를 입은 난들은 회생할 기미가 없었다. 비쩍 마른 갈색 난엽. 정성을 들여 한자로 써 있는 명패가 꼭 위패 같아 보였다. 장송곡이라도 불러야 할 기분이었다. 촉수를 늘려가며 지란지교를 꿈꾸게 하였던 10년 세월이 무너져 내렸다. 예닐곱 개의 난분으로 또다시 난 사랑의 석삼년을 살아야 할 텐데 처음 사랑을 잃어버린 마음이다.

난蘭. 동東쪽의 문門에서, 동창을 밝혀주는 햇살을 타던 오래된 친구 하나 잃은 것처럼 허전하다.

달팽이

매화 화분에서 버석거리는 가랑잎을 걷어내다 밑둥에서 달팽이를 만났다. 오순도순 모여 있던 달팽이들이 버스럭거리는 소리와 가랑잎의 움직임 때문에 놀라 더듬이를 움츠리고 데구르르 구른다. 크기가 다양한 것으로 보아 일가를 이룬 대가족이다. 언제부터 세 들어 살았을까. 정신을 차린 달팽이는 균형을 잡고 더듬이를 내세우며 방향을 감지하고 있었다. 달팽이를 오무레이 모아서 숲 속 나무 아래 풀밭에 던져주었다. 조금씩 흩어지기는 했지만 마른 삭정이를 지붕 삼아 사는 것보다 맥문동이 자리 잡은 풀밭이 좋을 성싶었다.

추위를 타는 산세베리아를 실내에 들이기 위해 화분 밑구녁을 씻는다. 미끈거림에 반사적으로 손을 떼고 살펴보니 이번에는 집 없는 민달팽이들이 모여 있다. 미끈거리고 흐물흐물한 연체동물이 내 몸을 진저리치게 만들었다. 얼른 베란다 창문을 열고서 풀밭에 던졌다. 달팽이는 화분 흙 위에 있어서 가랑잎과 치우기가 좋았는데 민달팽이는 달랐다. 한 번에 제거되지 않아 며칠 동안 달팽이와의 전쟁을 치렀다.

밤을 지나고 보니 아뿔사, 더듬이를 세우고 창문과 벽을 타고 기어오르고 있다. 손길이 닿지 않는 곳으로 밤새 탈출을 시도한 것이다. 아등바등 배밀이하여 점액의 흔적을 남기고 고불고불 이어져있다. 오체투지의 모습이다. 신경이 곤두섰다. 빗자루로 민달팽이를 쓸어내어 밖으로 내동댕이질 쳤다. 미끈한 액체를 닦아내는 동안 내내 이유 없는 비릿한 느낌을 지울 수가 없다. 빗자루도 닿지 않는 곳은 호스의 물줄기를 쏘아댔다.

창문 너머 공원의 숲을 본다. 푸른 물결을 이룬 숲이 이젠 졸가리숲이 되었다. 푸른 물결이 사라지니 졸가리 틈틈으로 건너편 시가지가 보여서 좋다. 아까시 나무도 잎을 떨군 지 오래다. 나무 상단에 크고 작은 새들의 보금자리가 서너 둥지 보인다. 그중에 한 그루는 작년 태풍에 뿌리가 반쯤은 들썩여 기울어져 있다. 아마 집도 기울어져 있겠지. 이따금 제비와 백로가 날아들고 다른 새들도 오락가락해 누구의 둥지인지는 정확히 모르겠다. 히말라

야시다에는 백로가 깃들이지만 아까시나 당단풍에 지은 둥지는 철새의 보금자리인지 텃새의 안식처인지 구별을 못하겠다.

민달팽이가 베란다 창문을 기어오른 이유는 졸가리 숲 속에 빈 집을 그리워했는지도 모르겠다. 미물이라지만 너무 모질게 대한 것은 아니었는지……. 이곳저곳에서 보도되는 철거민, 이주민, 노동자들의 아픈 영상을 보는 마음이 편치 않다. 살기 위해서 철사다리 위로 올라갔던 사람들도 분명 탈출구가 필요하다. 생명을 건 투쟁이다. 삶의 연속이다. 그들이 마치 저 민달팽이처럼 내동댕이쳐진 기분이었다. 씁쓸하다.

매화 화분을 정갈하게 하려고 달팽이를 내다 버렸다. 평생을 집 없이 떠도는 민달팽이가 어디든 세 들어 살 만했는데 나한테서 날벼락을 맞은 셈이다. 살아보겠다고 흙을 떠나 유리창을 타고 올라가고, 벽을 기어오르는 민달팽이에게 빗자루를 휘둘러 내팽개치고 물대포를 쏘았다. 미물에게 사람이 저지른 짓이다. 고상한 품위를 지키려고 미물의 생사를 판가름한 것이다. 사람이 미물에게 하는 짓을 사람이 사람에게 하는 일은 못할 짓이다.

화창한 가을날, 동학사를 돌아나올 때 어느 비구니와 마주했다. 그가 갑자기 밀짚모자를 벗더니 길가 풀섶으로 다가가서 몸을 살짝 굽혀 두어 번 뭔가를 내려놓는 듯했다. 거미였다. 풀잎에 내려놓고 다시 모자를 쓰고 가는 비구니의 얼굴이 가을 햇살에 눈부셨다. 그 행동이 참으로 고왔다.

벌레를 보면 징그럽고 싫게 여겨야 하나, 그것도 생명이니 공생해야 하나? 다 같은 생명체인데, 사람의 생각만 오락가락 싫다거니 좋다거니 나누는 것은 아닌지…….

때로는 미물처럼 도외시되는 그들에게 둥지를 틀어 줄 한 그루의 나무는 되어 줄 수는 없는지 누구에게 물어야 하나.

기적의 사과처럼

안동에서 '사과경연대회'를 벌이고 있다. 싱그러움과 풋풋한 향을 지닌 채 뽐내고 있는 사과들의 품종이 다양했다. 진열대에 진열된 사과의 색깔은 빨갛고 윤기가 자르르하다. 자세히 살펴보니 저마다 색상 차이가 드러난다. 명암을 적절하게 조절하며 빨간색 물감으로 색조화장을 마친 듯하다. 태양빛의 농도에 따라 한 알의 사과에서도 부분 부분 색이 다르다. 파랗거나 푸르무레한 사과도 눈길을 끌지만 빨간색에 치여 보인다. 사과를 출품한 농부의 이름표에 대상, 금상, 장려상이 붙어있다.

사과의 살갗에 하트 모양, 큐피드 화살이 그려 있다. 福자 또는 love, 사랑해 등등 여러 글자가 박혀 있다. 햇빛이 사과에 그린

조화다.

사과에 얽힌 이야기가 참 많다. 아담과 이브의 사과, 뉴턴의 사과, 윌리엄 텔의 사과, 세잔느의 사과, 트로이 황금사과, 스피노자의 사과, 나폴레옹의 사과, 그리고 백설공주의 사과 이야기까지.

언젠가부터 두세 개의 사과는 내 책상 위나 서랍 속의 정물화다. 달콤하면서도 향긋한 사과를 능금이라 부르기를 좋아한다. 기억에 아른거리는 것은 녹색 바탕에 붉은 색깔이 투박한 껍질의 '국광'이다. 국광은 시간이 오래될수록 색깔이 변하며 수분이 빠져나가 시득시득해지는데 그럴수록 향이 깊어진다. 당도가 높아지며 속살은 야들야들해진다. 몇 알의 국광은 먹기 위해서가 아니라 사과 향을 느끼기 위해서 간수했다고 할까. 국광은 우리나라에 처음 들여온 품종 중의 하나라는데 요즘엔 사라졌다.

초가을은 사과의 대명사처럼 불리는, 빛깔이 고운 '홍옥'의 계절이다. 매력있는 빛깔이 옷자락에 문지르면 반지르르해진다. 백설공주가 먹었다는 사과의 품종은 '스타킹'이 정답이었다고 한다. 아담과 하와가 먹었던 사과는? 홍옥쯤이 아니었을까.

"보암 직도 하고 먹음 직도 하고 지혜롭게 할 만큼 탐스럽게 보였다." 는데, 어떤 물감으로 이런 선홍 빛깔을 만들어 낼 수 있을까. 한입 베어 물면 상큼한 신맛과 단맛이 입안 가득 고인다. 껍질도 매끄럽고 고와서 참 예쁘다.

사과의 반 이상을 차지한다는 '부사'는 일본어 후지를 한자漢字음으로 읽은 이름이다. 국광에 '데리셔스'를 교배하였다는데 황록 바탕에 담홍색 줄이 있다. 속살은 황백색에 단맛이 높고 신맛이 곁들여져 꿀맛 같은 과즙이 물씬거린다. 늦가을의 알싸한 바람과 햇살을 듬뿍 받고 온도 차이를 겪은 덕분이란다.

책상 앞에 앉아 서랍을 열 때마다 눈맞춤한다. 사과는 시간이 흐를수록 수분이 빠져 향과 당도가 깊고 높아진다. 사과는 저절로 발효 숙성되어 코끝에 쾌감을 일으켜준다. 부피가 적어지고 쭈글쭈글 주름살이 깊어지지만, 다른 과일에 비해 상해가는 사과의 향은 좋다. 책상의 정물화인 탱자, 유자, 모과보다 수명이 길진 못하지만 향만큼은 뒤지지 않는다.

코에는 화학물질을 감지하는 능력이 있다. 에스테르란 물질이 피부의 세포를 자극하여 신경세포를 통하면 향기로 인식하게 된다. 아세트산(빙초산)에 에틸알코올(알코올소독약)을 시험관에 넣고 황산을 첨가하여 가열하면 에스테르화가 일어나 사과 향이 난다. 인조사과의 향이 아무리 좋다 해도 살아있는 생명의 과일 향에 어찌 비길까. 인간은 자연이 주는 향이 그리워서 인공적인 향을 만들어내는 게 아닐까.

이제는 '기적의 사과'를 곁에 두고 싶은 마음이 인다. 일명 '썩지 않은 사과'. 일본의 한 농부가 9년 만에 사과의 꽃을 피우고 사과

한 알을 얻어 붙인 이름이다. 막바지에 사과나무 한 그루 한 그루의 주위를 돌면서 사과나무에게 사과를 했다고 한다. "힘들게 해서 미안합니다. 꽃을 피우지 않아도, 열매를 맺지 않아도 좋으니 죽지만 말아주세요!"라고 부탁을 했단다. 농부가 한 일이라고는 퇴비를 만드는 일뿐이었다는데, 사과나무도 농부의 말을 알아들었을까. 사과 한 알로 대답을 해주었으니!

경연대회에 출품한 사과의 모습엔 이런저런 농부들의 마음이 서려 있을 것 같다. 품종은 수백 가지로 교배종이 계속 나오고 있으며, 우리나라에만도 30~40여 종이 재배되고 있단다.

스피노자의 사과를 떠올린다. "내일 지구가 멸망한다 해도 한 그루의 사과나무를 심겠다."라는 말이 생각할수록 경이롭다. 우리 산천 골골에 사는 농부의 명언이 되었으면 싶다.

2.

은수隱修의 뜰에서 도사리를 줍다

장맛비에 다육식물이 흔적도 없이 사라졌다. 이내 가뭄이 들더니 팬지, 낮달맞이꽃은 말라 뿌리가 소들소들한 채로 뽑힌다. 마른 삭정이 같은 블루베리 가지, 무화과나무의 바삭거리는 이파리를 걷어내고 화분째 물속에 담가놓았다. 제라늄만은 시들어가면서도 주황빛 꽃숭어리를 달고 있다.

그런 환경에서 연녹색의 사마귀 한 마리가 살고 있다. 이슬을 먹으며 생명연장을 했을까. 사마귀의 머리 쪽을 잡자 발버둥을 쳤지만 물을 먹도록 물가에 입을 대주었다. 여느 때 같으면 곤충을 잡지 못할 텐데 찜통더위에 시달렸을 사마귀가 걱정이 되었다. 폭염주의보에 사람의 몸만 살피느라 화분을 향한 발걸음이 뜸했다. '은수의 뜰' 공중을 선회하던 새들이 안테나에 앉아 목청을 뽐낸다. 사람들 사이에서는 내가 먼저 말 걸기가 망설여지는데 자연의 뜰에서는 말 걸기가 쉽다. 오랜 시간 바라봐주고만 있으면 교감이 되니까. 오늘 하루가 선물인 것을…….

항상 일상에서 일탈을 꿈꾼다. 이름도 모르고 알아주지 않아도 은수의 뜰에는 갖가지 생명이 자유롭다. 울든 노래하든 숲에서 지저귀는 들새와 새장 속에 갇힌 새는 다르다. 희귀조를 잡아 고가에 매매하는 사람에게는 포획이 생계유지 수단이지만 희귀새를 감상하는 고품격의 삶을 누리는 경계선이 있다. 기화요초를 가꾸는 것도 단조로운 일상의 뜰안에 미지의 세계를 가두는 일종의 여가선용이다. 그러나 자연을 착취해서 실내에 들이는 삶은 자연을 누리는 게 아니지 싶다. 그래서 나는 산마을로 숲마을로 간다.

아파트라는 시멘트 공간에서 사노라니 청산이 그리워 몇 가지 식물을 기른다. 요즘엔 난과 다육식물 쪽을 선호하고 있다. 한데 우리 집 식물들이 지심을 그리워한다. 분재의 오죽烏竹이 성질이 바뀌어 잘라주지 않으면 본성을 잃은 듯이 죽죽 자라고 많이 벌어있다. 무화과나무는 다른 화분들의 지붕이 되어버린다. 물고기를 방생하듯이 화초들을 제금낼 기회를 찾고 있다. 아파트를 선호하던 때가 있었던 것처럼 이 나무들을 데리고 흙냄새를 맡으며 살고 싶다는 생각이 든다. 나이듦에서 오는 자연의 이치일 게다. 태초에 흙으로 빚어졌으니 흙으로 돌아갈 시간이 점점 가까워진다는 말이다.

인간은 스스로 제 코에 코뚜레를 건다는 말이 실감난다. 자신이 건 코뚜레가 갈수록 무겁고 힘들어지기 마련이다. 문득 장자가 코뚜레를 벗을 수 있는 비밀을 만나게 해주는데, 그건 자유라는 선물이라 했다. 인간에게 자연이 되라는 말은 있는 그대로, 또는 없는 그대로 만족하라는 뜻이란다. 예로 세수한 여인의 얼굴이 자연이라면 화장을 한 여인은 자연이 아니라 했다. 머리에 서리 내린 지 꽤 되었다. 서리 내린 그대로 살려 했으나 '아직은'이라는 꼬리표를 내세우는 주위 사람 덕에 머리를 물들이며 살고 있다. 이것 또한 자연스럽지 못한 일인데 어쩌랴. 자유를 누리기가 쉽지만은 않다. 신앙의 삶을 살면서도 '진리가 자유케 한다'.는 의미와 주어진 삶에 자족하려는 심지에 갈등을 느끼는 일이 허다하다.

은수의 뜰에서 돗자리를 펴면 일탈이 시작된다. 산드란 하늘에 구름기둥 하나 없으니 파라솔을 세우고, 그늘과 그림자에 대한 단상에 빠진다. 나만의 공간을 꿈꾸지만 실로 홀로 있음이 두렵다. 꽃밭 둘레의 낮은 울타리가 있는 집에 살고 싶으면서 문고리를 단단히 걸어 잠그는 소심함은 왜인지.

실제로 철문 틈새에 손가락이 들어갈 만한 구멍이 있었는데 말벌의 집이었다. 말벌이 제법 커서 날갯짓을 하고 날 때면 시커먼 다리와 몸통의 뾰족한 꽁지가 위협적이다. 주변의 꿀벌이 공격을 받아 몇 마리씩 죽어나갔다. 약을 뿜다가는 공격당하기 쉽단다. 일단 구멍을 막고 향수를 뿌려서 말벌이 집을 찾는 데 방향을 잃게 하는 게 상책이란다. 조금 먼 곳에 가서 둥지 틀기를 간절히 바랐다. 마치 말벌이 내게는 전갈처럼 느껴지기 때문이다. 문득 벌들이 사라지면 인간이 살기 어렵다는 말이 새삼스레 다가왔다. 벌과 함께 살 수 있는 세상은 어떤 세상일까.

은수의 뜰에서 가장 어울리는 일은 묵상이나 책읽기다. 때로는 많은 책을 읽은 스승의 행동을 보고 배우기도 한다. 전면교사나 반면교사, 곧 나의 스승이 여기저기 많이 있어 행복하다. 에움길로 돌아가게 하는 자연을 향유하는 데에 이르기까지.

음악을 들으면 긴장이 해소되면서 나의 안과 밖을 살핀다. 행여 이중적인 삶의 고리가 있다면 이중성을 없애기 위하여 두 손을 모은다. 내 안의 나이면서 내가 알지 못하는, 알면서도 애써 외면하고픈 나를 정직하게 바라보는 것이다. 부끄러우니까 홀로 있을 때 시도하는 것이다. 나만 모르고 남들은 다 아는 '이명'과 '코골이'의 모습은 아니었으면 싶다.

드디어 밤하늘의 별들을 찾아 나서고 별똥별이 떨어지면 하루의 일탈을 끝맺는다.

편백나무마을에 들었다. 하늘 찌르는 키재기를 하는 나무들이 태풍에 이리저리 쓰러져 있다. 편백은 뿌리가 깊지 못해서인지 밑구녁을 쳐든 채 패잔병처럼 누워 있다. 그 나무들이 목수를 만나, 향이 살아있는 속살까지 드러내어 길손에게 자리를 내주는 마루가 되고 의자가 되었다. 쓰러져 있을 때는 길을 가로막아 걸림돌이었는데 거듭나서 쉼터가 된 것이다. 나무는 살기 위해 스스로 가지치기를 하는데 편백나무를 보니 알 것 같다.

마루에 누워서 저 멀리로 눈길을 보낸다. 하늘로 치솟은 나무들의 꼭대기에 가서야 틈새로 햇빛이 새어나온다. 숲이 바람을 타고 있다.

버들잎은
또 피어나는데

천변 둔치를 따라 걷고 있는 발걸음을 백로가 붙잡는다. 백로 한 마리가 바윗돌에 오도카니 외발로 서 있다. 고개는 어깨 속에 파묻고 추위를 견디고 있다. 어깨에 파묻힌 머리 깃털이 삐져나와 바람을 탄다. 먹이사냥을 노리는 것도 아닌 것 같다. 사람의 시선에도 아랑곳없이 오랫동안 그대로다. 기다림이다. 물거울 속 제 모습을 바라보는가. 명상의 몸짓이다. 멈추어서 백로의 명상 속으로 나도 함께 들어간다.

조그만 새가 직선을 그으며 총알처럼 앞으로 지나간다. 통성명을 한 적은 없지만, 바로 저게 물총새로구나, 짐작한다. 겨우내 얼음장 밑 자갈이나 모래 속에서 겨울잠을 자던 피라미들이 은색으로 반짝반짝 비상을 하며 동심원을 그린다.

발걸음을 몇 걸음 떼어 놓았다가 또 섰다. 물버들의 앙상한 가지마다 보송보송 잿빛 꽃눈을 피우고 있다. 그 꽃눈 속에서 버들가지를 꺾어 피리 소리를 내던, 버들잎 한 잎 한 잎 따서 냇물에 띄우던, 징검다리를 건널 때마다 손잡아 건네주던 유희가 떠올랐다.

한벽루에 앉아 눈을 드니 전주천을 따라 버드나무 가로수가 이어져 있다. 휘휘 늘어진 버드나무에 물이 오르는가 싶으면 파스텔톤의 연푸름이 번진다. 수양버들이 되어 곧 너울거릴 것이다.

묏버들 가려 꺾어 보내노라 임의 앞에
주무시는 창 밖에 심어두고 보소서
밤비에 새잎이 나거든 날인가도 여기소서.

사랑하는 연인들과 헤어지면서 정표로 버들가지를 꺾어 주었다는 노래다. 조선시대 평양의 기생은 가무가 뛰어나고 시서화를 겸비하였는데 아름답기까지 했더란다. 풍류를 함께 즐기던 이와 이별을 하며 버들가지를 건네주었겠다. 매일 강가에서 돌아오지 않는 사람이 그리워, 한숨 지으며 흘린 눈물이 대동강 강물에 안개로 피어나 자욱했다던가.

버들가지는 꺾어 꽂아도 뿌리를 내리고 새잎이 돋는다. 떠나보내는 사람을 잊지 말라는 정표니 얼마나 간절한 마음이었을까. 사랑하는 사람이 잠자는 창문 밖에 심어두고 생각하게 하려는 마음이 애잔하다. 행여 돌아오지 않더라도 잊히지 않고 기억해주기만을 바랐는지도 모른다. 수많은 밤이 지나도 그리운 사람은 돌아오지 않고 강물에 안개만 자욱했다니. 짙은 안개가 피어오르는 물가나 속절없이 너울대는 버들가지를 볼 때면 괜스레 마음이 일렁인다. 천변의 버드나무 가로수길이 십릿길이다. 한벽루의 풍류를 생각하니, 혹여 애틋한 사연 하나 안고 흔들리고 있지 않을까 싶다.

치명자산 끝자락 여울목에 위치한 각시바위의 전설이 어렴풋이 떠오른다. 연화낭자와 정룡의 애틋한 사랑. 어느 봄날, 젊은이가 날아가는 꿩을 쏜다는 것이 학에게 상처를 입힌다. 화살에 맞아 피 흘리는 학을 치료해주던 연화낭자와 사랑을 이루지만 해로하지는 못했단다. 학이 상서로운 이미지와 고매한 상징을 지녀서인지 아름다운 사랑이 풍겨난다. 한벽청연, 벽옥한류를 노래하던 시인 묵객들이 풍류삼매에 빠져 노래했을 묵은 이야기를 길어 올렸다.

천천히 굴다리 철길의 침목을 세며 레일 위를 걸어 색장리까지 걸었다. 양팔을 벌려 저울질하며 걷던 친구의 안부를 추심해 보고프다. 학이 깃든다는 서학동에 살던 친구가 그립다. 친구를 불러들여 버드나무 늘어진 오모가리집에서 살아온 세월이나 세어볼까. 버들강아지 꽃이 흰 눈처럼 흩날릴 때면 더욱 눈물샘이 자극되는 것은 그리움 때문인가.

버들가지는 봄이 오는 것을 제일 먼저 눈치 채는 듯싶다. 봄바람에 실려 올 사랑하는 사람과의 재회를 기다리며 너울너울 손짓하며 부르고 있다.

저 백로의 기다림도 또 다른 백로를 기다림인가.

피아노 이별곡

울리지 않는 종은 종이 아니라 했다. 우리 집의 피아노가 소리를 내지 않은 게 족히 수년이 되었다. 세 아이가 짝을 찾아 자기 둥지를 틀고 나니 입을 다물어버린 피아노도 거처를 옮기게 되었다. 나이 들어서 피아노를 치며 즐기려 했는데 아파트에선 소음이 문제가 된다. 요즘처럼 가정용이 아니어서 소리가 큰 탓이다.

결혼할 때 남편이 주는 패물 대신 피아노를 요구했는데, 이제 보면 꽤 신통한 생각을 했었지 싶다. 장신구보다는 보금자리에서 울려 퍼질 아름다운 피아노의 화음처럼 우리의 삶이 하모니를 이룰 수 있기를 꿈꾸었다.

결혼 전 직장을 다니며 피아노 레슨을 받았는데 집에 피아노가 없는 가난한 마음을 달랠 수 있는 길이었다. 피아노를 잘 치는 건 아니었지만 즐겨 치는 명곡 몇 곡, 찬송가를 치면 정서적으로 가난했던 소녀시절을 보상 받는 느낌이었다. 덤으로 세 아이가 피아노를 쉽게 배우기도 하였다. 살림밑천이 된 셈이다.

피아노는 내 재산목록 1호다. 나와 함께 결혼생활을 시작하여 삼십 년 남짓 동행하면서 같이 이사 다니느라 상흔을 지니고 있다. 동고동락했다고 할까. 그런 피아노를 없애야겠다고 마음을 굳히니 미련 비슷한 애착이 고개를 든다. 마음이 밝고 명랑할 때보다도 우울할 때, 힘들 때 하소연하듯 두들기던 피아노다. 청량제나 위로자의 역할을 말없이 했다. 저 깊은 곳에서 울려오는 낮은음으로 웅장하게 울어주고, 가벼운 고음으로 희희낙락 날려 버렸다. 이중곡선을 타며 기분전환을 했다. 오랜 세월 동안 푸념을 들어주고 달래준 것을 생각하니 참 고맙다. 딸아이 곱게 키워 시집보내는 마음이 이랬던가.

「엘리제를 위하여」,「소녀의 기도」,「은파」, 몇 곡 피아노를 울려보았다.

악보조차 눈에 희미하고 손가락의 움직임도 둔하여 오른손 고음 부분을 치고 나면 왼손 낮은음자리부터 띄엄띄엄 작곡자가 쫓아오는 것 같다. 리듬만큼은 살아있어 고갯짓과 몸짓, 마음만 앞섰지, 그때를 회상하기만 해도 울렁거렸다. 이제는 고사리 손짓

하는 손자들과 나란히 앉아 "반짝 반짝 작은 별 아름답게 비치네" 하면서 「젓가락 행진곡」이나 연주해야겠다.

묵은 먼지를 닦아내고 88개의 건반 하나하나를 두드려본다. 현의 맥놀이가 심한 것을 보니 세월만큼이나 늘어져 있다. 피아노를 조율한답시고 학원에 다닌 시간이 아까워 내 피아노를 조율해 볼 때가 있었다. 줄 하나씩 튜닝핀에 감아올릴 때의 긴장감을 아직도 잊을 수가 없다.

현이 주물로 된 프레임에 고정되어 있는 튜닝핀에 해머를 끼워 현을 감아올린다. 한 손으로 한 옥타브의 건반을 두드리며 줄 하나하나 맥놀이가 없이 깨끗한 정음을 찾는다. 순간을 놓치게 되면 줄이 끊어지는 실수를 하게 된다. 고음은 줄의 길이도 짧고 가늘어서 소리가 요란스럽지 않다. 저음일수록 줄이 굵고 길어서 조율하다 정음을 놓치고 계속 감아 올리다보면 줄이 끊어지게 된다. 줄 끊어지는 소리가 엄청나게 크고 요란하다. 낮은음의 현을 끊어 먹으면 진땀 난다. 줄 하나하나 강철에 구리를 감아 지탱하는 현의 무게들 때문에 피아노가 무겁다. 조율뿐 아니라 건반의 뒷모습, 댐퍼와 양모도 내 손길을 탔다. 피아노 소리는 쇠소리와 사이프러스 나무와 댐퍼를 싸고 있는 양모가 잡아주는 부드러움과 울림통의 연합이다. 쇳물을 담금질하는 철공소의 소리, 숲 속에서 들려오는 소리, 목장에서 노니는 양떼들의 소리들이 들려오는 듯한 소리이다.

소리굽쇠도 제 빛을 보지 못하고 있다. 조율이라는 단어가 피아노에서 사용되지만, 일상용어로 쓰일 때마다 조율할 때의 긴장감이 느껴진다. 조율할 때 기준이 되는 것은 조그만 소리굽쇠이다. U자에 쇠붙이막대가 달렸는데 물체를 때려 귀에 대고 진동음을 들으면 '라'(A)음으로 들린다. 맑고 고운 소리다. 그 한 음을 맞춘 다음에 그 음을 기준으로 하여 한 옥타브씩 88건반을 조율해 나간다. 조율이란 단어가 새삼스레 무게감을 준다. 조율을 제대로 하지 못한 피아노 소리는 아름다운 화음을 낼 수 없다. 소리굽쇠 진동만 귀에 대볼 뿐이다. 위 잉~~.

내 재산목록 1호의 딱지를 떼는 날이다. 피아노를 수리 조율하여 중국 쪽에 싼값에 넘긴다 했다. 우연히 아들 셋을 키우는 가정에서 중고제품이나 디지털피아노를 구한다기에 그들의 보금자리로 보냈다. 저 멀리 중국 땅에 보내지 않고, 추억될 때 보러 오라는 고마운 말 한마디 얹어주어 서운함이 사그라들었다. 딸아이가 "우리에게도 많은 이야기가 있지만, 나보다도 엄마하고 더 오래 지냈는데 잘 아는 집에 가게 되어 다행이야." 했다.

아저씨 두 사람이 200킬로가 넘는 피아노를 거뜬하게 움직였다. 엘리베이터를 타고 내려가는 피아노의 뒷모습을 보고 있는데 남편이 내 어깨를 감싸 안았다. 창문 너머로 보고 있자니 피아노를 실는 트럭도 신기했다. 트럭 뒷문이 스르르 비스듬이 열리고 바닥에 있는 피아노를 서서히 들어올렸다. 예전에는 장정 너댓 명이 하나 둘 셋 힘을 모아야 했는데. 아저씨가 건반을 한 줄처럼 손으로 주욱 그으니 마지막 소리를 냈다. 나에게 마지막 인사를 한다. 궁따라라라라라~~~~~~라 하늘을 날아간다.

재산목록 1호가 떠나갔다.

봄소식

고향이 그리울 때면 정거장이나 대합실에 가보라는 말이 정겹게 느껴진다. 캐나다 토론토에서 한국마트에 가거나 한국인이 경영하는 음식점에 가면 그 말이 더욱 실감이 난다. 언어의 장벽이 무너지고 내가 항상 다니는 곳 같아 생활에 불편한 점을 못 느끼기 때문이다. 연말에 집을 떠나 캐나다에 사는 딸네 집에 와 이듬해 3월에 접어들었다. 단조로운 생활을 하며 마트에서 장보는 일은 자잘한 즐거움이 되었다.

설빔을 준비하고 보름쯤 지났다. 고사리도 마른 것이나 삶은 것이 눈에 띄고 토란대며 호박고지, 취나물 등 다양한 나무새가 풍족하다. 야채코너에는 골판지를 뜯어 투박한 글씨로 '봄소식'이라고 써 있다. '비행기 항공 직송'이라는 글귀도 눈에 띈다. 핑크빛 입술로 단장을 한 시금치 다발에는 "비금도에서 왔어요" 서툰 글씨로 수인사를 한다. 매생이에서 바다 내음이 파도 치고, 냉이랑 달래랑 씀바귀랑, 아지랑이 피워내며 아른거리는 고향 들녘의 봄이 옮겨져 있다.

우리 집 봄소식을 물었더니 베란다에 매화가 피어 나를 찾는다고 한다. 물오른 꽃봉오리들과 만개한 매화를 찍어 보내주겠다는 남편은 말뿐, 무소식이다. 토론토는 우리나라보다 위도상 북쪽에 위치해 있어서 혹한의 추위에 눈소식이 하루가 멀게 이어지곤 한다. 눈보라치지 않고 비만 오지 않는 구름 낀 날씨 정도면 좋은 날씨라고 한다. 햇살 보기가 힘든 겨울 날씨다.

삼월 초순쯤 토론토보다 따뜻한 밴쿠버를 찾으니 목련이 피고 개나리, 수선화, 매화까지 갖가지 꽃들이 화사한 봄날을 열고 있었다. 양지쪽 풀밭에는 다양한 색의 꽃무릇 꽃들이 무리지어 피었다. 봄꽃은 맨가지에서 꽃눈을 뜨거나, 땅속 깊은 곳에 뿌리내린 식물이 땅속 전언을 제일 먼저 전해준다. 며칠 뒤 돌아온 토론토에는 포물선을 그린 가지마다 작은 꽃송이가 조금 벙글어 있는 목련꽃 자리를 보았다. 자태를 뽐내지 못하고 동상에 걸린 것마냥 갈색을 띠고 있다. 봄햇살의 억지 인기척에 꽃잎을 열다가 냉해를 입은 것이다. 개나리는 담벼락에 기대어 해맑게 피어났다.

4월, 내 보금자리에 돌아왔을 때 올봄의 꽃놀음은 지나갔으려니 했다. 공달이 낀 데다가 여느 해보다 추워서인지 산수유와 개나리, 매화를 보았다.

봄엔 겨우내 열지 못했던 마음에 꽃자리를 들어앉히고서야 가슴앓이를 삭혀 낸다. 만 리 밖에서 봄소식을 묻던 내가 직접 눈으로 보게 되니 단 몇 개월의 타향살이가 꿈만 같다. 낯선 곳에서 딸아이의 출산바라지가 딴에는 버거웠던 모양이다. 생활 환경의 차이에서 오는 시간과 공간의 낯설음 때문이었을 것이다.

토론토 CN타워에서 한국까지는 1만 킬로미터가 넘는 거리다. 시간 차이는 13시간. 낮과 밤을 뒤바꾸고 13시간을 더하고 빼고 하면서 가족과 전화시간을 확인하며 수만리 통신을 잇는다. 지상의 거리는 1만 킬로지만 수만리 통신으로 마음의 거리는 제로가 된다.

고향 봄소식을 묻던 내가 고향의 봄소식을 딸에게 전한다. 덤으로 두 번의 봄을 보았다.

종이꽃

종이꽃을 보면서 너를 생각했어. 생일에, 네가 곱게 접어준 장미꽃이었어.

몰래몰래, 그리고 한 송이 한 송이씩 접는데도 나는 몰랐지. 마흔일곱 송이를 접느라 꽤 힘들었나봐. 꽃다발로 만들어 건네주며 "엄마 나이가 왜 이렇게 많아?" 라고 말했지. 장미꽃 속에 너의 고운 마음이 담겨 있었어.

그 후로 몇 년이 흘러가면서 꽃빛이 바래고 종이장미에는 먼지가 쌓여갔어. 청소를 할 때면 이제 그만 버려야지, 하면서도 쉬 버려지지가 않았어. 이따금 그때의 꽃송이를 세어보면서 꿈같던 행복함을 느꼈어.

하늘을 올려다보면서 너를 생각했어. 세계의 지붕이라고 하는 티베트에서 하늘을 올려다볼 너를 그려 보았어. 하늘과 맞닿은 듯한 신선한 감동과 선한 눈동자의 티베트사람들 이야기 잘 듣고 있어. 수만 리에서 들려오는 너의 목소리가 밝고 맑으면 내 마음이 기뻤어. 너의 목소리가 지쳐서 힘이 없으면 내 가슴은 철렁해졌어.

며칠 후면 너의 생일인데 몇 해째 타국에서 맞게 되니 가슴이 짠해지네. 유년 시절에 밖에 나갔다 돌아오면 항상 내 품에 안겨 엄마 냄새를 즐기던 너였는데. 이제 성숙한 사람이 되어 다른 사람의 영혼을 사랑한다니 생각할수록 흐뭇했어. 가족의 그리움을 전해주고 싶어!

맑은 하늘과 바람결에 사랑하는 마음을 실어 보낸다.

놀이 속에
육아교육

할머니가 되었다. 손자와의 눈맞춤이 시작되었다. 젖내 풍기던 아기들은 옹알이소리가 커지면서 잘 자란다. 내 아이들을 키울 땐 건성으로 하던 행위들을 외할머니가 되어서야 의미를 알게 되었다. 손자들을 돌보는 내게 지인이 보내준 메일 한 통이 새삼스럽다. 할아버지, 할머니로부터 이어오던 놀이들로 나도 손주들을 어른다.

道理道理도리도리: 머리를 좌우로 돌리는 동작이다. 천지만물이 하늘의 도리로 생겨났음을 잊지 말라는 자연의 섭리를 가르치는 뜻이란다.

싱글거리는 아이와 눈맞춤하며 도리도리를 한다. 아이한테 제일 먼저 시키는 것 중의 하나다. 부정적인 일이나 떼를 쓸 때면 고개를 설레설레 흔드는 게 도리도리를 너무 잘 가르쳐 논 탓인가 보다.

坤地坤地곤지곤지: 집게손가락으로 왼쪽 손바닥을 찧는 동작이다. 하늘의 이치를 깨달으면 사람과 만물, 땅의 이치도 깨달아 무궁무진한 조화를 알게 된다는 뜻이란다.

아이에게 곤지곤지를 수십 번씩 했건만 속내는 알지 못하고, 고개까지 까닥이며 박자에 맞춰 마냥 손가락방아만 찧었던 기억이다.

持闇持闇지암지암: 두 손을 펴고 손가락을 쥐었다 폈다 반복하는 동작이다. 그윽하고 무궁한 진리는 금방 깨닫거나 알 수 없으니 헤아려 깨달으라는 뜻이란다.

할머니의 음성으론 '지암지암'이라기보다는 '쥐암쥐암' 또는 '잼잼' 하며 손가락을 쥐었다 폈다. 이런 동작들을 하다 보면 꼭 아이 수준이 되어 덩달아 어깨춤이 추어지고 박자감이 든다.

西摩西摩섬마섬마: 아이를 세우면서 서라는 말로 섬마섬마하는 동작이다. 정신문명의 이치만으로 안 되므로 서마도西摩道의 물질문명을 받아들여 독립하여 발전하라는 뜻이란다.

아직 혼자 설 수 없는 아이를 세우는 연습으로 많이 해본 놀이다. 뿌리 없는 나무처럼 넘어지곤 하다가도 몇 초라도 서 있으면 함박웃음을 웃는다. 비슷한 시기에 아이를 손바닥에 세워서 '고노

고노' 도 곧잘 하였다. 머리가 길지 않아 상투처럼 묶고 남편의 손바닥에서 아이는 인형이 된다. 아이가 겁을 알게 되면 주저앉게 되어 위험하다는 어른들의 지청구를 듣기도 하였다.

作作弓 作作弓짝짝궁 짝짝궁: 두 손바닥을 마주치며 소리 내는 동작이다. 천지 좌우와 태극을 맞부딪쳐서 하늘에 오르고 땅으로 내리며, 사람으로 오고 신神으로 가는 이치를 깨달았으니 손뼉을 치면서 재미있게 춤추자는 뜻이란다.

아기들이 입모양만 벙긋벙긋 웃듯이, 처음엔 소리도 나지 않는다. 손뼉 치는 흉내만 내도 덩달아 어깨춤이라도 출 기세로 손뼉을 치며 환호했다.

詩想詩想시상시상: 아이를 앉혀놓고 앞뒤로 끄덕끄덕 흔들면서 시상시상 하고 부른다. 사람의 형상과 마음心과 신체는 태극과 하늘과 땅에서 받은 것이란다.

이런 말은 잘 해보지 않았다. 아이를 앉혀놓고 양손을 잡고 앞뒤로 끄덕끄덕 흔들면서 어머니는 '들깡달깡 우리 강아지……'. 하면서 노래 비슷하게 읊으셨던 기억이 난다.

業非業非업비업비: 무서움을 가르치는 말로 어릴 때부터 조상님들의 발자취와 하느님의 뜻에 맞는 삶을 살라는 뜻이란다. 자연 이치와 섭리에 맞는 업이 아니면 벌을 받게 될 것이라.

우리는 업비라는 말보다는 아기에게 무서움이나 주의를 주기 위해서 '애비애비' 란 말을 함으로써 약간의 공포 분위기를 만든 것 같다. 그럼 아기는 엄마 품에나 할머니 품에 안기기 마련이다.

弗亞弗亞불아불아: 할아버지 할머니들은 아기의 허리를 잡고 세워서 왼편과 오른편으로 기우뚱 기우뚱하면서 '부라부라'라고 들려준다. 불弗은 하늘에서 땅으로 내려오고, 아亞는 땅에서 하늘로 올라간다는 뜻이란다. 무궁무진한 생명을 가진 어린이를 예찬하는 뜻이란다.

어머니는 비슷한 말로 "불모야~ 불모야~". 하시면서 허리를 잡고 세워서 왼편과 오른편으로 기우뚱 기우뚱했던 모습이 선하다. 비슷하게나마 짜 맞춘 이야기들이지만 십훈 중 나머지 두 가지 것은 아주 생소하다.

亞合亞合아함아함: 손바닥으로 입을 막으며 소리 내는 동작이다. 두 손을 가로 모아 잡으면 아亞자의 모양으로, 천지 좌우의 형국을 몸속에 모신다는 뜻이란다.

地羅呵備活活議지라아비훨훨의: 나팔을 불며 춤추는 동작이다. 천지 우주의 모든 이치를 깨닫고, 지기地氣를 받아 생긴 육신을 훨훨活活, 즐겁게 살아가자는 뜻이란다.

우리의 조상들은 인간 존엄성을 강조하고 이지적이며, 진보적이고, 활동적이면서 낙천적으로 성장하기를 원한 것 같다. 사라져가는 단동십훈壇童+訓의 맥을 이어가자는 글귀를 접하고 마음이 동했다고나 할까. 갈수록 젊은 할머니 할아버지가, 아니면 신식 할머니 할아버지가 되어서인지 우리 아이들 세대만 해도 행해지던 유희들이 어색하다.

한낱 유희에 지나지 않은 것들이다. 탯줄을 끊고 세상에 태어나 제일 먼저 만나는 사람들과 교감해가는 방식이며 통로라는 것을 알게 되었다. 엄마와 아빠, 할아버지와 할머니와의 관계성을 배우고 신뢰를 쌓아가게 해 준다. 그저 입술로만 전해지던 행위에 그렇게 넓은 의미가 있었나 싶다.

우리야 신앙 안에서 자녀를 키우지만, 이런 행위가 대개는 유아기에서 돌 안에 행해진다. 그때 재롱을 부리며 부모를 즐겁게 하는 일들이 평생 부모에게 할 효도를 다한 것이라는 말이 있다. 아기의 해맑은 웃음 속에서 행복을 느끼지 않는 부모가 어디에 있겠는가.

도리도리, 곤지곤지, 지암지암, 짝짝궁짝짝궁, 손뼉 치는 소리가 커져 동작을 뗀 아기가 심드렁해진다. 이제 편지를 쓸 때가 되었나 보다.

아침 바람 찬바람에
울고 가는 저~ 기러기~
엽서 한 장 써 주세요.
구리구리 구리구리 가위 바위 보!

손바닥에 편지를 쓰는 흉내를 따라하는 아기는 뭐라고 쓰고 있는 걸까.

마중물이 되어

정기적으로 인공눈물을 처방받는 친구가 있었다. 손아래 친구인데 안구건조증 때문에 어려움을 호소하곤 했다. 머지않아 나도 안구건조증으로 인해 가끔 인공눈물을 넣어주어야 했다. 날씨 탓이기도 하고 건조한 실내환경 때문이라고 하는데 눈물량이 부족해서란다.

맑고 투명한 눈동자를 지닌 눈의 어디에 눈물샘이 있는 걸까? 눈물샘에 이상이 생겼다는 이야기를 들을 때마다 참 신기하단 생각을 했다. 윤활유 역할을 해주는 눈물이 오래 고여 있도록 하기 위해서 눈물샘이 막히면 자극하여 뚫어 주거나, 심하면 눈물샘이 막히지 않도록 수술을 하는 경우도 있다고 한다.

중년기에 접어들면서 눈에 대한 이야기가 많아졌다. 언젠가 옆 사람과 신문을 같이 보다가 한 사람은 신문을 멀리 보려 하고 나는 앞으로 잡아당기면서 근시와 원시의 차이를 느꼈다. 책을 읽는데 불편함을 호소하는 것은 이구동성이다. 눈이 침침하면 눈을 비벼대거나 눈동자를 굴리는 눈운동을 해보지만 별 효험이 없다.

다초점렌즈의 안경이나 돋보기를 써보아도 신통치가 않았다. 결국에는 내 눈이 안경이나 돋보기에 길들여지고 있었다.

섬사람들은 멀리 수평선을 보고 살아서인지 시력이 좋은 편이란다. 우리 집의 사방을 보아도 수평선은 없다. 생각해낸 게 멀리 보이는 산능선을 따라 눈그림을 그려보는 일이다. 가까이 보이는 산은 초록색으로 신선한 느낌으로 그리다가 숲을 만나면 숲을 그리고 저 높이 산마루에 있는 전봇대도 그려본다. 멀어질수록 산들은 회색빛을 띠다가 검은 산이 되어 수묵화가 되기도 한다.

눈물샘이 마른다는 것이 중년을 넘어서만일까. 세상살이에 찌들고 각박해지다보니 눈물이 말라버린 것은 아닌지. 정서가 메말라가고 진한 감동을 받을 만한 일들이 뜸해서는 아닐까. 웬만한 이야기를 들어서는 코끝이 찡해지고 눈물샘에 눈물이 고이는 일들이 적어진 것은 순수함이 사라져버려서일까. 감동의 눈물을 흘리면서 살아가기가 갈수록 어려워진다.

슬플 때에 흐르는 눈물과 기쁠 때 감격하여 흐르는 눈물의 농도가 다르다고 한다. 희로애락이 일상생활 속에 녹아있을진대 때에 따라 한바탕 웃어도 보고, 가슴 시린 이웃의 이야기에 눈시울 뜨겁게 적시며 살고 싶다. 그러려면 삶에 이해와 애착이 강해야겠지.

96세를 누리던 친정어머니가 하늘나라에 가셨다. 사람들은 호상이라 했다. 나 역시도 어머니가 자녀들에게 짐이 되어 부담될까봐 걱정을 많이 했다. 비교적 고통 없이 소천하셨으니 감사하면서도 입안에서 맴돌던 '엄마'란 단어를 내려놓아야 한다는 사실이 슬픔인 것을 미처 깨닫지 못했다. 오십여 년이 넘도록 부르며 살아왔어도 그 이름은 그냥 부를 수가 없다. 성숙한 여인처럼 부를 '어머니'라는 이름이 있어도 돌아가시는 순간까지 나에게는 '엄마'였다.

그 이름 어디에서 눈물샘이 흐르는 것일까. '엄마'를 생각만 해도 '엄마'라는 단어만 떠올라도 눈물이 고인다. 내 아이들이 "엄마!" 하고 부를 때면 반사적으로 눈물샘이 열린다. 요즘 내게는 '엄마'라는 단어가 마중물이 되어 인공눈물을 대신한다. 나에게도, 부를 '엄마'가 있었는데…….

카네이션 대신 편지를

오월이 계절의 여왕이라더니 엄마는 우리 가정의 여왕이었어. 팔남매의 삶의 언저리를 맴돌며 살아오신 엄마와 이별의 끈을 아직도 놓을 수가 없어서 엄마께 편지를 쓰기로 했어.

엄마! 손주까지 본 반백의 딸이 "엄마!"라고 부를 때마다 얼마나 행복했는지 몰라.

아버지는 너무 오래전에 하늘나라로 가셔서 기억도 없고, 아버지라는 그 단어조차 불러볼 수도 없었잖아. 나이가 들어가면서 점잖게 "어머니!"라고 불러야 하겠지만 어찌 그렇게 안 되더라고. 아마 영원히 어리광을 부리는 딸이고 싶었나봐.

내가 마음만 먹으면 언제든지 엄마의 얼굴을 볼 수 있고 "엄마!" 하고 부르면 반겨 맞아줄 것만 같은 이름이었어. 근데 이제는 아버지라는 이름처럼 엄마라는 이름을 부를 수 없게 되었어. 그래서 마음이 슬퍼. 친구들이 그러더라고.

"엄마는 96세를 사셨으니 호상이야."

"그래도 나보단 20년이나 더 엄마를 부르고 살았구나!"

"아무리 장수하셨어도 엄마의 운명은 서운하고 슬퍼!"

내가 엄마를 우리 집에 모셔왔을 때가 햇수로는 삼 년이 되네.

어쩌면 그때부터 이별연습을 해야 했는지도 몰라.

내가 호스피스 봉사를 십수 년 하면서 늘 우리 엄마를 생각했어.

엄마께 남은 사랑을 해드려야 다음에 더 큰 후회가 없을 것 같았지.

그랬는데 그게 아니더라고. 엄마의 흔적을 보면서, 엄마와 생활했던 공간을 보면서 눈에 밟히는 게, 가슴속에서 스멀스멀 멀미나듯 밀려드는 거야. 그래도 좋아하셨던 모습만, 행복해 하셨던 모습만 기억할 거야.

엄마 장례식 때 목사님이 그러셨어. 엄마가 96세이시니 일제시대와 한국전쟁으로 인한 가난한 역사의 질곡을 건넌 어머니라고, 한국의 근대 역사를 짚어 보셨어.

모든 어머니가 그랬겠지만 우리 엄마에게 주어졌던 난관을 유독 가혹한 삶으로 기억하는 것 또한 엄마이기 때문이겠지?

엄마는 큰언니한테 전화하면서 "내가 못할 일 많이 시키고 고생시켜 미안하다. 내가 죄인이다." 누누이 말했잖아. 그게 어찌 엄마 죄겠어.

인생이 대개 육칠십이요, 강건하면 팔십이라 하고, 나그넷길이 수고와 고통뿐이라 했어. 분명 장수하는 것은 큰 축복이며 모든 사람이 다 오래 살기 위해 노력하면서도 부모의 장수가 짐이 되는 것은 어쩔 수가 없나 봐.

엄마! 그래도 엄마는 행복하다고, 늘 감사하다고 기도했잖아. 그래서 감사해. 오빠들의 효를 다 받고 오빠들에 비하면 효라고까진 못해도 딸들에게까지 사랑 받고 가셔서 감사해. 이제 남은 우리 팔남매, 엄마 임종을 지켜보면서 엄마께서 주신 처음사랑을 나누며 화목하게 살아갈 거야.

근데 엄마! 나, 엄마한테 한 가지 묻고 싶은 게 있어.

올봄 감기몸살이 심해 고생하셔서 미안해. 그래도 병원에서 치료 받고 깨끗하셨잖아. 그런데 왜 갑자기 식사를 거부하신 거야? 항시 식사는 거르지 않고 잘 드셨는데……. 결국은 임종 준비로 들어가신 거였어……. 스무사흘 동안이나 곡기를 끊으시고 물로 입술을 적실 때, 엄마방에서 우리들이 함께했던 것 기억하실 거지? 숨결 태우는 엄마는 입모양만 겨우 물을 찾으시고 이따금 뜨거운 숨만 길게 내쉬고 신음소리 한번 안 내셨잖아. 정말 진액이 다 밭을 대로 밭아서 뼈만 남은 모습을 보며 사그라질 대로 사그라진 심지 같았어.

내 친구들이 그랬어. 연세가 있으셔도 "깨끗하니 고우시다!"고. 딸이 되어가지고 청간스럽다고 타박했던 엄마 모습을 다시 볼 수 없어서 어떡해. 그래도 천국에서 만날 수 있다니 다행이지!

엄마 장례식장에 국화 향이 가득했어. 그 많은 국화송이들이 뿜어내는 향기는 엄마의 사랑만큼이나 진동했어. 엄마의 향기로 알고 살아갈 거야.

엄마는 살아생전에 그 많은 꽃잎들을 다 짓고 계셨나봐. 꽃잎으로 월계관을 만들고 하얀 면사포를 씌우듯 하얀 꽃길을 내고 먼 길 떠나가셨으니.

이제 엄마 가슴에 카네이션을 꽂아드릴 수 없어 편지를 썼는데 부치지 못하는 편지가 되었네.

내 가슴속 따뜻한 곳에 고이 간직할게.

엄마, 사랑해!

오빠 생각

폭염경보가 있던 날, 승화원 화장을 마친 오빠의 유골함이 가족 품으로 돌아왔다. 뜨거운 단지를 두 손으로 감싸 안았다. 잠시 내려놓았던 슬픔이 고개를 든다. 뚝뚝 떨어지는 눈물로는 식힐 수 없는 체온을 느낀다. 팔십이 넘도록 살아온 오빠의 품을 이토록 뜨겁게 느껴본 적이 있던가.

오빠는 삼 년 전 이 세상을 하직했다. 이 땅에서 살아온 마지막 보시로 시신 기증을 하셨다. 장례절차만 치른 가족들은 아버지의 뜻을 거역하지 못한 채 슬픔의 벽 속에 갇혀 살았다. 가족들은 시시때때로 고인이 안치되어 있는 의과대학교 건물을 드나들며 시묘살이하듯 했다. 이미 이 세상의 끈을 놓았지만 냉동인간으로 삼 년을 보냈다. 여든셋에 세상을 하직했으나 여든여섯 해를 맞아 한줌의 흙이 되려 한다. 죽은 사람은 늙지 않고 나이를 먹지도 않는지…….

이 일은 나의 사후를 조율하는 계기가 되었다. 호스피스 자원봉사로 생로병사의 고리를 보면서 남편과 함께 '사전 의료 의향서'를 기록했었다. 언제 다가올지는 모르지만 과잉진료에 대한 본인의 의사와 장기 기증, 시신 기증에 사인한 것을 철회할 마음이 들었다. 혹여라도 남에게 줄 장기의 생명력이 있다면 '장기 기증'은 하되 '시신 기증'은 접겠다는. 장기 기증은 사망 당시에 행해지니 시신 보관을 몇 년씩 끌 필요가 없을 터이다. 자녀들에게 두 번의 슬픔을 안겨주고 싶지 않아서다.

오빠는 팔남매의 장남이다. 부지런함과 성실함으로 가계를 일구었다.

내가 어렸을 적에는 「오빠 생각」 노래 부르기를 즐거워했다. 뜸북뜸북 뜸북새……. 노래를 부르며 무용을 지어내며 놀았다. 아버지의 빈자리를 채워준 오빠의 그늘에서 자랐기 때문이다. 오빠는 '애비없는 자식'이라는 소리를 듣지 않도록 인자하면서도 엄격했다. 아버지가 안 계신 가정의 장남은 어머니의 지주 역할을 해내는 동시에 여동생에게는 아버지의 역할까지 해야 했다. 오빠는 당신 자녀들의 아버지 이전에 형제들의 아버지였다. 오라버니의 인생길은 험난하고 외로운 길이었다. 형제들을 감당하는 어깨의 짐이 너무나 버거웠을 것이다. 가난이라는 질긴 고리의 사슬이 발목을 잡아맸지만 강한 집념으로 고리를 끊었다.

동생들에게 야단의 말을 할 때에 '야단법석'의 유래와 뜻을 먼저 알려주었다. 60세가 이순耳順이라는 말로 귀가 부드러워지는 나이임에도 동생의 뜻을 헤아려주지 못함을 미안해 했다. 70세면 종심소욕불유구라 하여 하고 싶은 대로 하여도 법도에 어긋나지 아니한다는 말을 빌려 훈계의 말을 얹으셨다. 오빠의 교훈대로 살기는 쉽지 않았다. "상처가 되었다면 용서해라." "상처를 준 자가 용서를 빌어야 하지만 상처를 받은 자가 용서하는 것이 진정한 용서가 된다."라고 하셨다.

내가 이제 나이 들어가니 구구절절하던 가르침을 좀 더 새겨둘걸…….

오빠는 그림과 글을 좋아했다. 그림과 글이 여전히 걸려 있다.

청산은 날 보고 말없이 살라 하고

창공은 날 보고 티 없이 살라 하네

사랑도 벗어놓고 미움도 벗어놓고

물같이 바람같이 살라 하네.

오빠가 계실 때에는 몰랐다. 주인이 사라지고 나서야 액자의 글귀가 가슴에 스며들었다. 오빠는 선산이 멀어서 근교에 야산을 마련하여 직계의 묘소를 단장했다. 소나무 두 그루가 인상적이다. 한 그루는 하늘로 치솟고 한 그루는 넓게 드리워서 보기에 좋다. 산소 윗부분에는 오빠가 좋아하는 주목나무로 울을 둘렀다. 십수 년이 되니 주목나무가 실팍하게 자라 가을이면 빠알간 열매를 가득 매달았다. 산소 아래쪽엔 회양목과 하얀색 철쭉, 매실나무를 가꾸었다.

산소를 단장하면서 홀로 계신 어머니와 오빠 내외의 가묘를 해놓았다. 어머니 가신 후 오빠는 자신의 가묘를 없앴다. 모든 것이 부질없는 일임을 알고 그때부터 자신의 사후를 계획하신 듯했다. 야산을 마련하여 등기를 낼 적에 자신의 이름이 아닌 장조카와 작은집 조카들의 이름으로 함께 올렸다. 사촌들과의 우애를 염두에 두었던 것이다. 장남으로 사는 무거운 짐을 자식에게 대물림하지 않으려고, 모든 제사를 절에 모셨다. 장남으로 사는 인생이 얼마나 무거웠으면…….

오빠는 불교에 뜻을 두었다. 한문을 잘 알아서 불교 경전을 풀이해 줄 때면 해박했다. 같이 일하는 사람은 '물도 씻어 먹을 사람'이라고. 말했다. 오빠에 대한 최고의 찬사로 생각한다. 그 심성을 남아있는 형제와 자녀들이 닮아가는 것이 보답이라 생각한다.

돌아가시기 전에 따뜻이 손잡아드리지 못하고 말 한마디 해드리지 못해서 가슴 깊이 자책한다. 침묵으로 남기고 가신 삶의 의미를 새긴다.

형제들은 불교, 가톨릭, 기독교로 종교가 달랐다. 어머니의 임종을 앞에 둔 어느 날, 큰오빠는 교회에 다니는 동생들을 배려하여 어머니의 장례를 기독교식으로 할 것을 제안했다. 장례식장에 가면 가족의 각종 종교의식이 행해지는 게 불편했다. 실상 그 의식이 뭐가 그리 중요한가. 어머니가 마음에 확신하시고 집안에 장로가 두 사람이 있지만 웃어른인 큰오빠의 의중에 있을 불교예식으로 할 것을 이미 상의한 터였다. 큰오빠의 결단은 쉬운 일이 아니었다. 오랜 세월 불교와 원불교에서 불교대학 공부도 하고 기여도 한 터여서 많은 갈등을 했을 것이다. 장례를 치른 후 큰올케의 푸념을 이해했지만 오빠는 침묵했다.

이제는 큰오빠의 이름 앞에 고인이라는 단어를 붙여야 한다. 자신이 지은 유택을 헐고 흙이 되고 티가 되어 바람결에 살려 했다. 훗날, 주목나무 그늘, 붉은 열매 찾아 뻐꾹새 울면, 「오빠 생각」 노래를 부르리.

3.

별 헤는 밤

최북崔北의 그림 속으로

아홉수

기쁨과 양심의 영혼을 품다

'우리 엄니'가 보고 싶다

모란꽃을 보다

하늘 연인이 되어

소반小盤에 담긴 시간여행

별 헤는 밤

날마다 별을 헤아린다. 언제부터인가 고흐의「별 헤는 밤」그림을 스마트 폰 화면에 담았다.

서울미술관 전시회에서 이어폰을 끼고 그림을 보았을 때만 해도 뒷전이었던 그림이다. 신앙인으로 보편적인 교회 공동체의 역할에 대해 자문자답을 하던 때가 있었다. 어느 순간, 이 그림이 마음을 차지하고 들어앉았다.「별 헤는 밤」은 고흐의 대표작 중의 하나다. 군청색 바탕에 노란 별들이 반짝이고 사이프러스가 하늘을 향하고 있는 마을 풍경이다.

고흐가 고갱과 다툼 이후 정신병원에 있을 때 그린 그림으로 마을의 저녁시간을 그렸다. 집들은 창문에 불이 켜져 있는데 첨탑의 교회 창문에는 불이 꺼져 있다. 고흐는 한때 신학공부를 하였고 탄광촌에서 목회를 하였는데 전통적인 교회 지도자들에게 인정을 받지 못했다. 고흐는 탄광촌의 사람들과 더불어 살다보니 부흥이 안 되었던 모양이다. 그의 영혼은 뜨거운 불길로 타올랐지만 그 불을 쬐러 오는 사람이 없었다. 가난하고 평범한 사람들과 함께하였지만 신앙관 차이 때문인지 그 길을 접고 화가의 길로 선다.

상상과 현실 속의 교회 사이엔 커다란 장벽이 가로막혀 있다. 그 벽에는 냉기가 흐르고 영혼까지 스며드는 냉기라고 했다. 고흐는 본의 아니게 쓸모없는 사람으로 새장에 갇힌 새가 되어 털갈이 하는 새의 의미를 새겨야 했다. 편견, 오해, 무지, 의심, 거짓 같은 감옥을 없애려면, 서로가 친구 되고 형제 되는 깊은 사랑이 있어야 할 곳에 파멸만 있었다. 후에 이런 그림으로 빛과 소금의 역할을 하지 못하는 교회 모습을 보여준 게 아닐까. 정작 교회가 밝은 불빛을 토해 내어 주위를 밝혀 주어야 하는데 유달리 불 꺼진 창이 된 교회를 바라보는 시선이 아프다.

「고흐의 위대한 유산」이란 영화를 보았다. 고흐의 생애와 테오의 아들 빈센트가 물려받은 그림으로 박물관을 열기까지의 이야기였다. 영화 속에서 고흐의 모습을 인상 깊게 느낄 수 있었다. 십여 년 전 미술관에 갔고, 그 후로 영화를 보고 얼마 전 고흐의 편지글을 읽었다.

고흐가 테오에게 시시때때로 전한 편지글을 읽으며 가슴이 뭉클했다. 인생의 동반자나 마찬가지였던 동생인 테오와 주고받은 편지글은 고흐란 사람의 진면목이었다. 그림에 해설을 붙여주는 듯 감동이 일었다.

목사 가정의 장남으로 제 역할을 하지 못함으로써 가족들과 불화를 일으키지만 테오만은 형을 이해하고 후원자가 되어주었다. 고흐는 가난한 생활을 벗어나지 못했다. 그림 재료와 모델로 어려움을 겪으면서 아이까지 딸린 버림받은 임산부와 동거를 했다. 결국 가난 때문에 청산하지 못한 여자의 매춘행위로 헤어졌지만 아이들을 돌보아주지 못한 것을 안타까워했다.

고흐의 그림에 대한 야망은 사람을 감동시키기에 족했다. 언젠가는 작품을 통해 자기의 마음속에 무엇이 들어있는지 보여주겠다는 심사가 강했다. 낭만적인 환상을 벗고 감상적인 우울함보다는 뿌리 깊고 격렬한 고뇌를 느끼기를 원했다. 상류층보다는 보잘것없고 괴벽스러운, 사회적 지위가 없는 사람에게 관심을 가졌다. 값비싼 구두보다는 나막신을 신고, 농부의 음식과 옷과 숙소에 만족하며 자연과 농부를 진솔하게 그리려고 했다. 농부 그림이 대중의 삶을 그린 그림보다 상위인 시대가 올 것이라는 예견도 가졌다. 농부의 거친 속성을 살려내려 노력하면서, 자신도 물감이나 모델 외에는 농부가 원하는 것보다 더 원하지 않는다고 했다. 자연의 모습이나 탄광 사람들, 감자 먹는 사람들을 그리는 마음이 그랬다. 고흐는 자신을 감동시키는 것은 자연 안에 모두 들어있다고 고백한다. 자연의 말에 귀 기울이고 숲에서 숨쉬고 나무 냄새를 맡고, 숲에서 걸어다니는 느낌을 안겨주려 했다.

참을 수 없는 고통 속에서도 평온함과 순수한 조화를 이루려는 마음이었다. 가장 가난한 초가에서, 가장 지저분한 구석에서 발견하는 것들로 가득 채우고 싶어했다. 마음이 저항할 수 없는 힘에 이끌려 심혈을 다해 자신의 감정을 작품 속에 쏟아 부었다. 그래야지만 다른 사람도 이해할 수 있는 그림이 된다고 생각했다. 그림 속에 생명을 넣으려 고심했다. 인간의 감정을 진정으로 표현하는 그림을 남기고 싶어 신념과 사랑으로 그렸다. 가난하지만 팔기 위한 목적이 아니라 쓸모 있고 가치 있는 그림을 그리려고 혼신을 다해 노력했다. 때로는 자신의 그림이 붓이나 물감, 캔버스를 소비할 가치가 있는 것인지, 과연 그림이 보상해 줄 날은 올 것인지 갈등했다. 단지 물감으로만 그리는 게 아니라 자기 희생이나 자기를 부정하면서 상처받은 영혼으로 그린 것이다. 자신만을 생각하지 않고 고갱이나 다른 화가를 위해 화가들의 공동생활을 꿈꾸었듯이, 남들을 위해 무얼 해줄까 생각하는 따뜻한 마음의 소유자였다. 자신이 진정한 박애주의자로 살았다고 자부했다.

테오에게 쓴 편지글이 마음에 닿았다. "화가는 캔버스를 두려워하지 않는다. 화가의 영혼과 지성이 붓을 위해 존재하는 게 아니라, 붓이 그 영혼과 지성을 위해 존재한다. 진정한 화가는 캔버스를 두려워하지 않는다. 오히려 캔버스가 그를 두려워한다."

그림에 대해 자신만만하면서도 끝 모를 죄책감과 무력감에 시달렸다. 무엇보다도 테오한테 빚을 진 자로 사는 것을 힘들어했다. 테오에게 보상해 주지 못한다면 내 영혼이라도 주겠다고 말할 때, 그의 비참함을 느끼지 않을 수 없었다. 고흐는 삶의 미련과 후회 속에서 미쳐버릴 듯한 감정을 갖기도 했지만 박애주의자로 살아가기 위해 돌아버렸다고 말한다.

"나는 종교에 대한 피할 수 없는 갈망과 욕구를 가지고 있어. 그런 밤이면 나는 별을 그리러 밖으로 나간다. 별 헤는 밤이 내게 말을 건넨다."

밤하늘의 별을 그린 그림은 많다. 다른 그림과 달리 정신병원 입원 후의 그림이라 착란증을 일으켰다고 말하는 이도 있다. 고흐는 늘상 자신의 신앙의 문제를 갈등하고 있었다는 생각이 든다. 「별 헤는 밤」 화폭 속 교회 창문에는 불빛이 사라졌지만 내 마음의 창은 빛나고 있는지를 곰곰 생각한다.

「별 헤는 밤」의 고요 속에 '산상수훈'이 끼어든다.

심령이 가난한 자, 애통하는 자, 온유한 자, 마음이 청결한 자, 의를 위하여 박해를 받은 자는 복이 있다고.

"등불을 말 아래 두지 아니하고 등경 위에 두어, 세상사람에게 빛을 비추게 하라."라는 말씀이 크게 울린다.

그 빛을 말 아래 두고 살아가는 이들에게 주는 메시지로 들려온다.

최북崔北의 그림 속으로

최북崔北 300주기 특별전이 열렸다. 최북은 조선시대 후기에 명성이 손꼽히는 화가임에도 유명세를 타지 못했다. 직업화가로 붓으로 먹고 산다는 뜻을 지닌 호생관毫生館이라는 호를 사용했다. 이름의 북北자를 둘로 나누어 칠칠七七로 인장을 찍은 점이 특이했다. 삼기재三奇齋라는 호를 쓴 것도 시서화詩書畵에 능했으나, 그의 그림도 기이하고 얼굴도 기이하고 인재로도 기이해서라는 꼬리표를 덧붙인 셈이다. 최북은 산수화, 화조, 영묘화, 인물화 등 다양한 그림에 능숙했다. 최 산수, 최 메추라기라는 별명으로도 유명하다.

최북은 중인가문 출신이지만 문사의 교양과 풍모를 갖추고 권력에 굴하지 않고 강직하면서 자유로운 예인이다. 한 귀인이 그림을 요구했는데 뜻을 이루지 못하자 위협하려 하니 "남이 나를 저버리는 것이 아니라 내 눈이 나를 저버리는구나!" 하면서 자신의 한쪽 눈을 찔러 멀게 하고, 늙어서는 한쪽 눈에만 안경을 썼다 한다. 또 금강산 유람 중 구룡연에서 "천하명사인 내가 천하명산에서 죽는 것이 족하다." 하며 뛰어내렸지만 목숨은 건졌다 한다. 참으로 호탕한 기인임에 틀림없다. 그의 나이 49세에 죽으니 사람들은 칠칠의 징조라 했다.

최북은, 자신이 흡족하게 그린 그림 값을 적게 주면 화를 내고 욕을 하며 그림을 갈기갈기 찢어버렸다. 또한 자기 마음에 흡족하지 못한 그림 값을 후하게 주면 깔깔 웃어대며 주먹질을 하고 돈을 도로 주며 "저자는 그림값도 모르는구나." 비웃었다니 예술에 대한 자존심이 대단했다. 아무튼 기묘한 데가 있었다.

사람들이 병풍과 족자를 들고 와 그림을 청하면 칠칠은 기뻐하며 소매를 바람처럼 휘두르며 금세 그림을 완성하였는데 그 모습이 물 흐르듯이 자연스러웠다. 사방에서 그림을 청하는 사람의 발길이 끊이지 않았지만 칠칠은 염증을 내기도 했다. 사람들이 가져온 비단을 방치하여 궤에 차고 넘친 채로 해를 넘겨도 붓을 들지 않을 때가 많았다.

훗날 그의 그림을 얻는 사람은 보배로 여길 것이라는 말에 그림은 다만 자기의 뜻에 따를 뿐이라 했다. 오랜 시간이 흐른 뒤 자기의 그림을 보는 사람은 그림을 그린 칠칠이를 떠올리며 그림의 의미를 이해할까? 최북은 자신을 알아줄 사람을 기다리고 싶다고 했다.

최북은 화폭에 마음을 비추고 그림에 시를 담은 시의도詩意圖에 능했다. 시서화에 능하고 문인으로서 식견을 갖추었기에 가능했다. 시를 이해하여 화폭에 그림을 그리고 글씨를 써 넣은 작품을 감상하는 내내 상상의 세계에 날개를 달아주는 느낌이었다. 그림을 보고 시를 짓는 것이 더 쉬울까? 어쨌든 시 의도는 그림과 시가 맞아 떨어지는 느낌이다. 사람을 기쁘게 하고 즐겁게 하는 것 가운데 그림만 한 것이 없다던가. 나는 그림의 기쁨과 즐거움을 이제껏 알지 못하고 살아온 게 아닌가 싶어졌다.

내 마음에 끌린 작품은 「추경산수도」였다. 산수화는 물기가 듬뿍 담긴 미법 산수화풍으로 강렬한 인상을 주었다. 보고 있는 나도 물기에 젖어드는 기분이 들었다. 먹물 한 가지의 농담만으로 산에 안개가 가득 낀 것처럼 그려내는 화풍이 300년이 넘은 지금에도 그 감흥을 느끼게 하다니! 최북 그림의 마력이다. 긴 세월을 지난 흔적은 화첩에서도 볼 수 있었다. 하도 낡고 닳아서 한 면만 펼쳐 유리장 안에 전시해 놓았다. 화첩의 귀가 닳고 닳아 문드러졌다 할까. 그럼에도 간수해온 손길에 감사했다.

금강산 그림(표훈사도)을 유심히 바라보았다. 천하명산에서 죽어야 한다고 뛰어들었다던 금강산 구룡연 그림이다. 어린이 관객에겐 그림을 세부화하여 스티커로 붙여서 산수화를 완성해보게 하였다. 시 한 구절도 적게 하였다. 금강산 그림에서 장안사와 정양사, 그리고 동쪽의 토산과 서쪽의 골산을 찾아보았다. 만폭동 입구에 여러 전각들도 아름다웠다.

아직 금강산 자락을 밟아보지도 바라보지도 못한 나는, 한걸음 다가가는 느낌으로 최북의 그림 속을 따라가 보았다.

아홉수

사람마다 나라마다 숫자에 대한 이미지가 다양하다. 우리에게 아홉이라는 수는 부정적인 의미가 강하다. 아홉수의 나이 때는 결혼이나 이사하는 것도 금기시하는 경향이 있다. 내 주변 지인이 많이 아팠는데, 아홉수 때문이라고 푸념하듯 내뱉는다. 일본과 대만에서도 그런 듯하다.

중국에서 9라는 수는 황제만이 쓸 수 있는 숫자였다. 오늘날에는 행복한 결혼생활이 오래가기를 기원하면서 9자가 들어간 날을 선호하기도 한다. 아픈 숫자이면서 아름다운 숫자로 기억되는 「교향곡 9번」은 아홉수의 덫에도 불구하고 아름다운 아홉수로 남았다.

‘베토벤 9교향곡’이 울려 퍼진다. 경쾌한 리듬으로 올림픽의 승전가로 애창되는 「환희의 송가」는 독일 시인 쉴러의 시詩로 당시 독일 청년들의 애송시였다. 신을 찬양하면서 세계의 형제가 서로 사랑하고 포옹하라는 인간 사랑의 휴머니즘에 감동한 베토벤이 삼십 년을 마음에 품어 완성한 곡이라 한다. 모든 인간은 한 형제, 백만인에게 사랑하고 입 맞추고 별 뒤에 하나님을 찾으라는 환희에 찬 가사는 미래적인 메시지로 들린다. 해설자는 정명훈 지휘자가 연주하는 모습을 보여준다. 우리나라 지휘자가 세계에 우뚝 선 자랑스러움에 어깨가 으쓱해지는 느낌이다.

이 곡은 베토벤이 청력을 완전히 잃었을 즈음 작곡했다. 베토벤 음악인생의 완성을 보여주는 불후의 명곡으로 유네스코가 세계문화유산으로 지정했다. 인간의 힘으로 쓸 수 있는 가장 완전하고 위대한 곡으로 모든 사람에게 호소하여 감동을 일으킨다는 찬사다. 작곡을 한 뒤 빈에서 자신이 초연을 했다. 베토벤이 마지막 악장을 마쳤을 때, 청중의 눈물과 감동어린 박수갈채를 들을 수 없었다는 게 비극이었다. 이런 환희에 찬 교향곡 어디에 죽음의 그림자가 깃들었을까. 그의 마지막 교향곡이 되었다.

‘슈베르트 9교향곡’은 본인이 ‘대교향곡’이라 말할 만큼 애착을 가졌다 한다. 그럼에도 본인 생전에 연주를 듣지 못했다. ‘빈 애호가협회’에서 곡이 너무 길고 어렵다고 연주를 거절했기 때문이다.

슈베르트가 사망한 지 십여 년이 지난 후 그를 존경하던 슈만이 악보를 찾아내어 교향곡에 관한 논문을 쓰고 멘델스존에 의해 초연되었다.

이 곡을 모르는 사람은 슈베르트를 이해하지 못한다고 했다. 기록에 의하면 한 시간 분량의 연주곡을 몇 차례 나누어 연주했다. 우리도 한정된 시간 속에서 부분만 감상할 뿐이었다. 삼십대였던 슈베르트가 작곡, 6개월 뒤에 죽었다. 그렇게 죽을 운명의 사람이 작곡했다고 믿어지지 않는 환희의 연속이라는 찬사가 쏟아졌다. 죽지 않고 영원히 살 것 같은 삶에 대한 당당함과 희열, 에너지가 가득한 악장이었다고. 그래서 '스피노자의 사과나무'라는 애칭으로 불린다.

'부르크너의 9번 교향곡'은 십 년 세월 동안이나 공을 들이며 '나의 최대 걸작품'이 될 거라는 소망을 가졌다. 하지만 미완성교향곡으로 유명세를 탄다. 그의 교향곡은 종교적이며 영적인 느낌으로 충만하다. 거대하고 강렬한 종교적 감동이 곡 전체를 압도한다.

그는 작곡행위 자체를 예배라 생각했다. 독실한 신앙인으로 일곱 시간이나 소요되는 예배에 참석할 정도였다. 시종일관 금빛 찬란한 천국을 노래하고 천국문을 활짝 열어젖힌다. 모든 것의 왕이시며 사랑이신 하나님께 바친 그의 마지막 기도로 남았다. 자신을 지탱하게 해준 하나님에 대한 찬송가를 교향악으로 만들어보고 싶은 욕망이 있었다. 그 누구도 상상할 수 없을 만큼 감동적인 유언으로 작별을 고했다. 그의 교향곡은 하늘을 향해 치솟은 웅장한 고딕양식을 보는 것 같다. 그가 음악으로 천국을 지향했기 때문일 것이다.

구스타프 말러는 숫자 9를 두려워했다.

베토벤, 슈베르트, 부르크너 등 존경하는 선배 작곡자들이 9번 교향곡을 작곡한 후에 죽음을 맞이했기 때문이다. 아홉 번째 교향곡을 작곡하고 나서 표지에 '제9번'이라고 썼다가 지웠다. 자신도 죽을지 모른다는 생각에서 '제9번' 대신 「대지의 노래」라는 제목을 붙였다. 안도의 숨을 쉬고 열 번째 교향곡을 시작하면서 아내인 알마에게 "실제로는 대지의 노래가 9번교향곡이야. 이제야 비로소 위기가 사라졌어." 라고 말했다. 그리고 열 번째 교향곡에 9번이라고 썼다. 아홉수의 징크스를 벗어났다 생각한 말러는 다음곡을 완성하지 못하고 죽음에 이른다. 9번교향곡의 연주도 보지 못했다. 결국 말러 역시 '마의 숫자 9'를 피하지 못한 셈이다.

위의 곡들은 '죽기 전에 꼭 들어야 할 클래식'에 들어있다. 교향곡 제9번의 징크스. 아름다운 한 숫자, 9라는 숫자가 섬뜩하다고 말해야 할까. 아름답다고 말해야 할까.

기쁨과 양심의 영혼을 품다

— 『앵무새 죽이기』를 읽고

『앵무새 죽이기 To Kill a Mockingbird』의 머킹버드는 미국에서만 사는 앵무새과로 인간에게 해를 끼치지 않고 노래만을 불러주는 새라 한다. 앵무새는 기쁨과 양심의 상징이라고 번역자는 말하고 있다.

『앵무새 죽이기』는 여주인공인 스카웃이 일곱 살부터 열 살까지의 어린 시절을 회상하는 자전적 소설이다. 퓰리처상과 그 해 최고베스트셀러상을 받았다. 미국에서는 문학수업의 교과서로 사용되고 있으며 현대의 고전이라 불린다. 1930년 남북전쟁 후, 미국 남부 앨라배마 주의 조그만 마을을 배경으로 시작된다. 우리나라에서는 「앨라배마에서 생긴 일」이란 제목으로 영화가 상영되었다. 책을 읽고 CD로 영화를 보면서 주인공의 따뜻한 영혼을 품게 되었다. 영화장면을 보면서 마치 내가 내레이션을 하는 연사처럼 빠져들었다.

중년의 아버지와 열다섯 살 연하인 어머니 사이에서 오빠인 젬이 태어났다. 네 살 터울인 스카웃이 태어난 이듬해에 어머니가 죽는다. 청렴결백한 변호사인 아버지가 따뜻한 시선으로 바라보는 두 아이의 눈을 통해 이웃사람들을 만나게 된다. 아버지는 뿌리 깊은 인종차별과 종교차별의 희생자인 '검둥이'라는 이유만으로 강간범이 된 톰 로빈슨을 변호한다.

톰 로빈슨을 변호한다고 해서 "검둥이 눈사람이 있느냐?"며 검둥이 변호사! 검둥이 옹호자! 코딱지!라는 조롱을 받는다. 아버지는 그런 조롱을 받으면서도 자녀들에게 "다른 사람들은 다 그렇게 부를지라도 너희들 한 사람만이라도 검둥이라고 부르지 말라."라고 타이른다. 아이들에게 타협이란 단어를 가르칠 때에도 '타협'이란 법적으로 조종하는 게 아니라 서로의 양보를 통해 동의에 도달하는 것임을 깨닫게 한다. 아이들의 유행어나 속어도 거쳐가는 한 단계이며 시간이 흘러 매력이 없어지면 그만두게 된다고, 다만 시간이 걸릴 뿐이라고, 아이들을 아버지의 마음대로 다루지 않고 으름장을 놓지도 않는다. "내가 아는 것을 모두 다 말할 필요도 없다. 그것은 교양 있는 일도 아니며 사람들은 자기보다 더 아는 사람을 좋아하지도 않아." 옳은 지적을 해줘도 바꾸려

하지 않기에 때로는 상대의 방식을 따르는 게 최선이라고 한다.

아버지는 말한다. '흑인 특유의 달콤씁쓸한 냄새'와 '검은 벨벳 같은 부드러운 피부'를 지닌 톰 로빈슨은 조용하고 존경받을 만하며 겸손한 흑인이다. 불구만 아니다면 훌륭한 인간의 표본이다고.

"내가 이 남자를 모른 체하고는 교회도 갈 수 없고 예배도 드릴 수 없다."

"변호사로서 생애 중에 한 인간으로서 가장 중요한 공판 한 가지는 있다."

그 때가 바로 톰 로빈슨을 변호하는 이 일이라는 것을 아이들에게 이야기해 준다.

때때로 많이 참아야 할 때가 있는데 그 인내는, 우리를 더 훌륭하게 해주기에 결코 부끄럽지 않을 것이란 확신을 보여준다. 인간 의식 중에서도 본질에 해당하는 것이 있다. 사람은 다른 사람과 살 수 있기 전에 자기 자신과 잘해 나갈 수 있어야 한다는 사실도 심어준다. 다수의 원칙이 지속되지 않는 것이 있다면 그건 바로 인간 의식임을 일깨운다.

아이들은 아버지가 법정에서 톰 로빈슨을 변호하는 모습을 숨죽여가며 바라본다. 집안에서의 모습과 큰길가에서의 모습, 법정에서 아버지의 모습은 똑같다고 생각했다. 백인 여자가 흑인을 유혹하였다는 사실이 흰색과 검은색처럼 확실하지만, 결국 백인들 위주의 배심원들에 의해 유죄를 선고받는다. 모든 흑인은 거짓말쟁이며 근본적으로 부도덕한 창조물로 남자검둥이는 여성들 주위에 안심하고 놔둘 수 없다는 억측논리로 귀결한다. 전통적인 인종차별에 대한 판결의 오점은 한계를 넘지 못하였다. 모든 인간이 평등하게 다루어질 수 있는 곳이 있다면 그건 바로 법정이어야 한다. 그 안에서 개인은 무지개의 모든 빛깔이 되어 볼 수 있다고 말한다.

아버지는 아이에게 말한다. "저속한 백인이 흑인의 무지를 이용하는 것보다 더 구역질나는 일은 없다. 흑인을 속이는 것은 백인을 속이는 것보다 열 배는 나쁘다. 네 자신을 바보로 만들지 말아라. 언젠가는 우리가 그 빚을 갚아야 할 날이 올 것이다." 애초부터 이길 수 없는 재판인 것을 알았지만 아버지는 배심원들을 오랫동안 고민하게 만든 최초의 변호사였다. 흑인을 위한 변호사의 첫걸음마가 시작되었을 뿐임도 알게 되었다.

예전에 배심원 제도에 대한 선망을 가졌던 때가 있다. '유전 무죄'와 '무전 유죄'라는 선고를 본 생생한 기억이 있다. 한 사람의 오판에서 오는 오류를 보면서도 다수의 횡포는 생각지 못하였다. 아이는 배심원 제도를 철폐해야 할 거라며, 왜 여자는 배심원에 들어갈 수 없는지도 물었다. "우리 같은 시민은 세금을 내는 것으로 배심원 일을 대신하는 거야." 라고 변호사는 대답했다.

스카웃은 '민주주의 정의'를 묻는 질문에 "모든 이에게 평등한 권리가 주어지고, 특권층이 사라지는 것!" 이라고 대답한다.

오빠는 "내가 자라면…… 아버지의 뒤를 이어 일할 것!"을 다짐한다.

두 아이의 눈으로 본 세상은, 소외된 사람들과 진실하게 소통하는 삶의 단면을 보여 주었다. 톰 로빈슨은 상소에도 희망을 걸 수 없는 현실을 너무나 잘 알았다. 더 높은 벽을 바라본 톰 로빈슨의 영혼은 너무나 가벼웠다. 앵무새는 '기쁨과 양심의 상징'이라고 했는데 기쁨과 양심을 느끼지 못하게 하는 것은 앵무새를 죽이는 일이다. 지은이는 핑크빛 미모사꽃을 천사의 숨결이라 했는데 나는 두 아이에게서 천사의 숨결을 느꼈다.

아이를 향한 아버지의 말이 오랫동안 귓전에 머물렀다.

"네가 배심원이었다면……. 그리고 나머지 열한 명도 너 같은 소년이었다면 톰은 풀려났을 게다."

핑크빛 미모사꽃이 햇살에 더 빛난다. 꽃은 날개를 접지 않으므로.

'우리 엄니'가 보고 싶다

— 『몽실언니』를 읽고

『몽실언니』를 처음 만났을 때 내가 밀양댁 나이쯤 되었을까. 아마 내 딸아이가 몽실이 또래쯤 될 때였다. 가슴앓이로 눈물을 찍어내며 읽었다.

『몽실언니』는 일제치하에서 해방이 되었지만 6 · 25전쟁의 상흔으로 피폐해진 고난한 삶에 대한 이야기다.

몽실이 어머니는 '여자에게는 남편과 밥이 필요하다.'는 생각을 한다. 무능한 남편이 집을 떠난 사이 몽실이를 데리고 부잣집 김씨에게 살러 간다. 몽실이는 처음엔 새아버지의 사랑을 받기도 하지만 동생이 태어나면서부터 새아버지의 행패로 결국은 절름발이가 된다. 혼자된 아버지 품으로 돌아온 몽실이는 고모를 통해 새어머니를 맞이한다. 새엄마에게 사람됨을 배우고 친엄마와 딸처럼 지냈지만 새어머니가 아이를 낳고 죽는다.

몽실이는 갓난아이인 난남이를 위해 젖동냥을 하며 좁쌀로 맘죽을 만들어 먹이며 키운다. 아버지가 전쟁으로 부상한 다리로 일을 할 수 없어서 졸지에 깡통에 밥을 얻어먹는 신세가 된다. 가난하지만 마음이 따뜻한 주위 사람들의 도움이 컸다. 후에 친엄마가 영득이와 영순이 두 아이를 남기고 죽게 된다. 몽실이는 이복동생인 난남이와 친엄마가 낳은 새아버지의 아이들인 영득이, 영순이까지 거둔다. 구두수선공인 곱추와 결혼하기까지 파란만장한 삶이 눈물겹다.

내 딸아이는 구구절절한 삶의 질곡을 모르고 해맑은 아이로만 키우고 싶었다. 몽실이가 양공주인 금년이 아줌마와 살던 모습 가운데 '양공주'란 의미를 아이에게 보여 주고 싶지가 않았다. 딸아이에게 책을 읽게 할 때 그 부분의 몇 쪽을 찢어낸 기억을 떠올렸다. 시대가 만든 여자의 일생을 왜 부끄러워했을까? 누가 그들의 삶에 돌팔매질을 할 수 있을까? 몽실이에 대한 기억은 저편으로 쉽게 사라지지 않았다. 내가 몽실이만 한 나이 때 단발머리를 했고 가난이란 굴레를 벗어나지 못한 삶을 살았기 때문이리라.

이순耳順이 되어 '우리 엄니'라고 불렀던 큰언니가 자주 생각이 나면서 어머니의 모습이 떠오른다. 어머니 가신 지 다섯 해다. 문득문득 그리움이 치밀어오지만 오늘 유달리 진한 서러움이 목울대까지 차올랐다. 종이거울(독서동아리)에서 몽실언니를 읽고 마음문을 열었다.

내가 밀양댁이라면 어떻게 했을까?

내가 몽실이었다면 어떻게 했을까?

그 시절 '입에 풀칠하기 위해서'라는 말은 흔히 '팔자 고친다.'는 의미로도 쓰였다. 정말 입에 풀칠하기 위해 많은 사람들이 밀양댁의 길을 선택했다. 그럼에도 우리 어머니는 자신의 인생을, 치맛자락 동여매고 머리에 똬리를 이는 모습으로 힘들게 살아냈다. 그래서인지 말끝마다

"인공만 아니었으면……." "왜정 때만 아니었으면……." 하는 말을 입버릇처럼 하셨다.

"아버지는 구레나룻 수염에 백말 타시고, 나는 사륜가마에 앉아 시집왔지!"

"아버지가 법원에서 일하실 때 용수를 머리에 쓴 사람들을 데리고 가는 모습이 집 마루에서 훤히 보였다."

그런 이야기를 할 때 어머니는 가장 행복하게 웃음을 지으셨다. 어머니는 아마도 그때를 회상하면서 끈질긴 질곡의 터널을 지날 수 있었지 싶다. 아버지는 숨어계시고 어머니가 남원에 피난을 와서 할 수 있는 게 바느질품을 파는 일이었다. 입에 풀칠하기 위

해 집에 있던 목기그릇이나 밥상을 팔게 된 것이 상床을 팔고 고치는 일이 되었다. 헌 소반을 수거해 오는 것도, 고치고 나면 가져다 주는 것도 어머니 몫이었다. 어머니는 똬리를 받치고 소반을 머리에 이고 이집 저집을 문전박대당해 가며 품을 팔아야 했다. 먼 길을 나설 때는 하룻밤을 지내고 돈 대신 곡물을 머리에 이고 오셨다.

어머니가 하시는 일을 그러려니 했다. 어느 날 옥색 치마저고리 차림으로 커다란 교자상을 머리에 이고 길을 건던 잔영이 오랫동안 머릿속에 남았다. 항상 쪽찐 머리에 당신이 손수 지은 한복을 입으셨다. 요즘에도 나이드신 분들이 머리에 똬리를 하고 물건을 인 채로 손도 잡지 않고 가는 모습을 보면 내 어머니를 떠올린다. 먼 길을 다니면서도 5원을 아끼기 위해 풀빵 하나 사먹지 못해 배를 곯아야 했던 이야기는 내 어머니만이 할 수 있는 일이었다.

주위의 사람들이 형편이 어려운 어머니에게 "자식들을 잘 먹일 수 없으니 남의 집으로 보내어 식구라도 줄여라."라고 한 소리가 가슴에 피멍이 드는 말이라 했다. 양아들이나 아이 봐주는 집을 알선해주는 이도 있었지만 끝내 도리질을 하셨다. 하마터면 이산가족이 되어 훗날 이산가족찾기 대열에 설 뻔하지 않았는가. 오랜 후에도 이산가족찾기 시간이면 사연들에 눈물 훔치며 새가슴이 되어 가슴이 철렁 내려앉는다고 하셨다.

당시에는 폐결핵 환자가 많았다. 오빠도 환자였는데 어머니가 밖으로 돌아 환자 돌보는 일은 언니 몫이었다. 끼니갈망이 어려웠던 시절, 언니가 서둘러 시집가는 것도 군식구를 덜어주는 큰 일이라고 했다. 아버지가 살아계셨을 때만 해도 언니는 전주까지 노라노양재학원에 다니며 우리 어린 동생들의 옷도 지어주었다. 언니는 어린 나와 세 살 터울인 동생에게 '다우다' 천이나 '지지미' 천으로 원피스를 지어 입혀주었다.

아버지 제삿날은 엄동설한의 추위에 가녀린 빛의 초사흘 달이 뜨는 밤이다. 머나먼 칠흑 같은 밤길을 헤쳐 나온 어머니의 인생 같다는 생각이 든다. 기억도 나지 않는 가물가물한 아버지의 모습을 더듬는다. 피난 때 구겨진 자국이 닳아 해진 사진이 영정사진이다. 구레나룻 수염의 아버지를 바라보시며 어머니는 무슨 생각을 하셨을까? 어머니는 자식들 앞에서 신세타령 한번 안 하고 세상을 뜨셨다. 아버지에 대한 생각 때문이었는지 우리들 때문이었는지…….

오랜 세월이 흐른 뒤, 어머니의 몫을 어머니가 감당했기에 가난의 고리는 느슨해지면서 매듭이 지어졌다. 상床을 팔고 고치던 일이 가내수공업으로, 가구공장으로 이어졌으니까. 오빠들에게도 자수성가했다는 단어가 붙어다녔다. 그래도 내가 철든 한참 뒤에도 해마다 돌아오는 '어머니날'이 오면 아까시꽃 그늘 속에서 숨죽이며 눈물 흘리던 아린 기억은 쉬 사라지지 않았다.

내가 만약 밀양댁이라면?

"그 시절 살아내기가 너무 힘이 들었고, 몽실이를 굶기지 않기 위해서 어쩔 수 없는 선택이었다." 그렇게 대답하는 이도 있다.

나는 내 어머니의 인생이 희생으로 얼룩진 삶이었다 해도, 그 선택에 감사드린다. 어쩌면 나도 내 어머니와 같은 길을 갔을 것이라고 말할 것 같다. 우리에게 가난을 대물림하지 않으려고 어머니가 애써 감당한 것처럼 몽실이가 어머니의 역할을 해냈다. 몽실이는 생모의 인생을 잘못이 아니라고 이해한다. 새어머니와의 짧은 사랑 가운데서 삶의 비결을 배우지 않았을까.

어느 시대나 어느 인생이나, 일생에 한 도막은 몽실언니의 삶을 살아가게 마련이다. 여자는 약하나 어머니는 강하다는 말처럼 몽실이보다는 어머니가 감당해내는 편이 나을 성싶다. 어머니란 이름 속에는 자녀를 위해 죽을 각오가 숨어있는 목숨이 여러 개인 양 살아낸다.

젊어 고생은 사서라도 한다지 않던가. 고생 끝에 낙이라고, 어머니의 노년은 다복하게 지내셨다. 우리 어머니가 이 세상을 떠나던 날 국화꽃 행렬이 얼마나 길었는지 생전에 누리지 못한 꽃길을 걸어가시는 것 같아 눈이 시렸다. 국화꽃 향기에서 향긋하면서도 쌉싸래한 쑥향과 닮았다는 느낌이 들면서 어머니 냄새로 여겨졌다.

언제부터인가 언니의 얼굴에서 엄마가 보였다. 낙엽이 다 지기 전에 울언니라도 보러 가야겠다.

모란꽃을 보다

석정 이정직은 김제 출신으로 시서화에 능하였다. 어려서부터 엽전을 한번 보고 그 모양과 무늬를 똑같이 그려낼 정도로 미술적 재능이 뛰어났다고 한다. 그의 제자들의 명성이 자자한데 정작 본인은 한국인물대사전에도 오르지 못했다. 일제강점기 때 유입된 서양문물로 천년 전통이 사라져 문화의 흐름이 단절된 탓이라 했다. 석정은 무엇보다 문인화의 저변 확산에 크게 이바지했다. 18세에 처음으로 칸트의 철학세계에 접하고, 인생을 서예에 걸고, 서예를 철학적 경지에 견주었다.

글씨 쓰기를 좋아해서 중국 왕희지체의 진첩晋帖과 당나라 안진경, 구양수의 당첩唐帖을 그대로 써보는데, 서첩 수십 개와 종이가 귀한 시대임에도 수만 장을 썼다. 그 시대에 지필묵 값을 제일 많이 썼다고 한다. 처음 작품은 돌에 새겨 판화본으로 탁본을 만들어 전해 오지만 몇 세기를 내려오면서 본디 글씨체는 찾아볼 수 없게 되었다. 그의 시 가운데 한 부분이다.

내 지난날 고질을 얻어

퇴필을 묻어 무덤 이루고.

뉘 알리, 작은 기예에도……

번잡함 피해 홀로 글씨를 익혔네.

글씨를 사랑하는 마음이 사무쳐서 몽당붓이 무덤을 이루었다는 이야기다.

이럴 때에 글씨는 곧 그 사람이라 말할 수 있지 않을까. 난蘭을 치는 것은 글을 쓰는 사람의 일이지 그림을 그리는 사람의 일이 아니라 했다. 글을 아는 사람이 아니면 난을 알 수 없고, 그래서 난을 그린다 하지 않고 난을 친다고 했다. 그는 시국이 시끄러울 때나 세상일이 안 풀릴 때 강직한 마음으로 대나무를 그렸다. 또 기분 좋을 때의 기운을 가지고 난을 치면 생동감이 있다고 한다. 수년 전에 사군자를 배우면서 '난을 친다'는 의미를 알았다. 나의 문방사우가 내 곁에 오래 머물지 않고 사라진 것을 보면, 겨우 흉내를 낸 것에 그치고 만 셈이다.

석정은 오원 장승업과 소치 허련의 그림에서 많은 영향을 받았다. 만나본 일도 없는 이들의 글씨나 그림을 독학하여 경지에 오르게 되었다. 당나라와 부귀를 상징하여 그린 모란 병풍은 궁중 행사나 결혼식 병풍으로 애용되었다. 한창 봄날에 화려한 자색 모란꽃을 보았다. 꽃 이파리가 커서 꽃이 얼굴만 하다. 은은하고 달콤한 모란 향기에 취해 보고서야 모란꽃에 향기가 없다는 이야기는 낭설임을 알았다.

문인화에서 모란화는 수묵으로 그린다. 흔히 모란을 부귀의 상징화라 하지만 선비의 붓을 만나면 풍류를 말한다. 세속적 부귀와 상관없이 여름의 뭉게구름을 사랑하듯이 묵모란을 마음에 담았다.

하늘 연인이 되어

유월 늦은 해거름판, 하늘은 파란 기운이 사위어가고 있다. 권번 문화예술원 안뜰. 공연무대는 여덟 자 기다란 기와지붕 처마끝이 레이스처럼 단정히 드리워져 있다. 한지 창살에 「하늘 연인」이라는 흘림체의 글씨가 바람을 타고 있다. 조선 6대임금 단종의 비인 정순왕후를 기리는 서사무용극이 올려진 무대다.

며칠 전 영월에 다녀왔다. 영월 고갯길에서 홍살문이 보이면 단종의 애끊는 심경이 전해져 왔다. 이순의 나이를 살고 있어서 정순왕후의 인생이 더욱 가슴에 사무쳐왔다. 한 많은 세월을 어찌 살아냈을까. 언젠가 서울에서 정순왕후 추모제향을 잠깐 보았던 기억이 새롭게 다가왔다. 「하늘 연인」 희곡을 쓴 이 교수팀과 함께 공연장에 앉았다.

정순왕후는 정읍 칠보에서 여랑부원군 송현수의 딸로 태어났다. 성품이 겸손하고 검소하며, 부모에 효도하고 형제우애하여 가히 종묘를 보존할 수 있는 인물이라며 단종의 비에 간택된다. 단종보다 한 살 위인 14세에 결혼하여 왕비가 되었고, 18세에 단종과 사별하고 82세에 생을 마감했다. 조선의 역사에 가장 비극적인 여인이다.

단종이 태어난 후 어머니가 산후병으로 죽는다. 일곱 살 위의 누이인 경혜 공주가 있어 할아버지 세종과 아버지 문종의 보살핌으로 유모 손에서 고이 자랐다. 단종은 문종 왕이 승하하자 12세 어린 나이에 왕위에 오른다. 삼 년쯤 되어 숙부인 수양대군에게 왕위를 빼앗기고 상왕의 자리에 앉게 된다. 순리에 어긋난 정사에 사육신들이 단종 복위를 시도하다가 처형된다. 단종은 상왕의 자리에서 노산군으로 강등되어 영월로 유배된다.

정순왕후도 의덕왕대비에서 부인으로, 관비로, 승려로, 여러 명칭으로 전락한다. 단종이 영월로 간다는 소식을 듣고 정순왕후는 영도교(후에 성종이 돌다리를 놓아 어필을 내린 다리) 까지 쫓아와 이별했다는 '영원히 건너가신 다리' 가 그들의 마지막 만남의 장소가 되었다. 숙부인 금성대군이 단종의 복위를 꾀하지만 발각되어 결국 단종은 사약을 받게 된다. 통탄스러운 일이 아닐 수 없다.

파르스름하고 어슴푸레한 박명이 어둠에 묻힌 술시戌時. 무대 옆 귀퉁이에 수려한 감나무 위를 지나는 조각달과 벗할 별만이 반짝인다. 단종과 정선왕후. 풋풋한 사랑을 이어갈 듯 흰옷으로 단장한 선남선녀가 무대를 가득 채운다. 하늘을 날으샤 꽃피울 듯한 순간에 검은 구름이 덮치더니 애간장을 녹이는 소리가 하늘을 찌른다. 저 흐르는 곡은 동정곡同情哭이다. 정순왕후는 열여덟 꽃다운 나이에 소복을 하고 영월이 있는 동쪽을 바라보며 남편의 고혼을 달래기 위해 날마다 동망봉에 올라 통곡했다.

자식도 없이 어린 남편을 여윈 한 맺힌 삶을 희안, 지심, 계지 시녀가 그림자처럼 남아 위로가 되었을 뿐이다. 영빈전이라는 집과 식량을 내려 주었지만 초근목피로 연명할지언정 거절하여 절개를 지켰다. 평생 고기와 생선을 먹지 않은 것도 자신의 지조를 지키기 위함이었으리라.

자주동천. 돌우물인 이곳에 천을 넣으면 자줏물이 들었다니 자연도 그의 넋을 위로했나 보다. 어쩌면 그녀의 멍든 삶이 녹여낸 빛깔로 여겨진다. 천들이 바람에 너울너울 춤을 추는 무대. 너울대는 천들과 함께 춤을 추는 왕후와 시녀의 대화가 가슴을 후빈다. 쪽풀로 연명하는 모습에 슬픔을 토하는 시녀에게 토로한다. "이 한 몸 부지하자고 쪽물을 들이는 게 아니다. 가시넝쿨손이 햇빛을 잘랐던 그 해를 잊었느냐? 검은 비 내렸던 그날을 잊겠느냐!" 비록 보령은 어리신 임이지만 세상을 쪽물처럼 파랗게, 푸른 꽃밭세상을 만들려 하던 빛이었음을 시사했다. 무대 왼쪽 골방에서 단종 모습의 잔영이 사라진다.

중앙무대는 정순왕후의 공간이다. "이 몸은 임의 혼백을 마신 한 그루 나무입니다. 그 옛날 임과 숲에서 노닐던 청정한 나무 말입니다. 나무가 욕심이 있겠습니까. 다른 나무를 나무라지 않는, 그저 제자리에서 해와 달과 별을 보듬는 나무, 소녀는 그 나무입니다." 왕후 품에서 노란 나비들이 날아오른다.

오른쪽 무대에서는 이따금 조명 빛이 드는 자리에 노왕후가 고무신을 벗어 나란히 놓고 정좌하여 회상하며 한을 풀어내고 있다. 하얀 모시옷을 곱게 차려입고 목에 두른 천자락으로 눈물을 훔치며 한숨을 짓는다. 하늘이 없는 시대를 애오라지 간직하고 있는 것은 사랑뿐임을 허공에 날린다.

열여덟 살 피어나던 꽃송이가 시들지도 못하고 홀로 64년의 세월을 깁느라 견딘 세월이 애처롭다. 왕후였던 한 여인의 일생이 허물어지자 단종의 누이, 경혜 공주의 아들이 모셨으며 해주 정씨 문중에 안장했다. 경혜 공주도 한 많은 삶을 살았지만 왕족이어선지 도움을 받았고 아들은 면천이 되었다. 단종 내외분의 제사는 해주 정씨 문중에서 대를 이어 봉향하였다.

"나는 우는 듯 웃으며 죽었습니다. 이제 남은 것이라곤 당신이 계신 그곳으로 갈 일밖에 없네요. 깊고 어두운 숲을 지나고 안개 자욱한 강을 건너는 머나먼 길이라지만 흔연한 마음에 한달음에라도 달려갈 수 있을 것만 같습니다. 다만 심사에 깃드는 걱정은 헤어진 지 꼬박 예순다섯 해. 이제는 여든두 살의 백발노인이 되어버린 나를 행여 당신이 못 알아볼까 하는 것뿐입니다."

정순왕후는 살아서 많은 여성들을 울리고 죽어서는 토속신이 되어 수백 년 동안 민중의 공감을 얻었다 한다.

고운 여인을 꿈꾸듯 기렸다.

소반小盤에 담긴 시간여행

박물관에서 '조선의 소반 특별전'을 마련했다. 전통문화의 가치를 조명하기 위함이다.

일상생활 도구인 소반을 모양이나 크기, 재료, 장식에 따라 구분했다. 당시의 사상과 의례뿐만 아니라 신앙, 세시풍속의 다양한 의미를 담고 있다. 조선시대 소반은 고구려시대까지 거슬러 올라가는 오랜 역사를 지녔다. 소반에는 사람들의 삶과 마음까지 담겨 있어 더욱 정감이 갔다. 흔히 밥을 차리면 밥상, 차와 과자를 올리면 다과상, 술과 안주를 놓으면 주안상이라는 통념을 깨뜨렸다.

소반은 맛과 예禮를 담고 염원을 담는 그릇이지만 권위의 상징에 따라 그 이름을 다르게 붙였다. 궁궐에서 또는 풍류를 즐기는 선비가 정화수를 올릴 때나 혹은 아기의 돌상이나 행복을 기원하는 기러기상, 혼례에 사용하는 합환주상은 특이하다. 소반의 형태에 따라 호족반, 반월반, 구족반이라고 명명하거나 지역의 이름을 딴 해주반, 나주반, 통영반으로 붙여졌다.

소반의 형태는 쓰임새에 따라 모양에 멋을 부린 것이 눈에 띄었다. 소반은 천판天板과 그 밑에 운각으로 장식한 다리를 받치면 된다. 천판의 모양으로 사각형, 다각형, 원형, 화형花型이 있다. 운각으로는 당초무늬, 파초무늬, 아자무늬, 풀잎무늬를 새겼다. 다리 모양은 개다리소반과 같은데 곡선이 심하면 호족반이고 곡선이 심하지 않은 것은 구족반인 듯 보였다. 통각형이나 판각형은 넓적한 몸통형 다리인데 일주반은 처음 보았다.

요지가지 소반을 돌아보며 머릿속에선 오래된 기억이 맴돌았다. 전시관 구석지에 소반의 소재인 소나무, 은행나무, 팽나무의 판자조각을 전시해 놓았다. 칠하지 않은 나무결의 천판, 운각이 된 천판, 다리까지 완성된 소반이 알몸으로 진열되어 있다. 그제서야 어수선한 기억이 또렷해졌다. 처음 단계의 소반 모양을 보고서야 기억을 추슬렀다.

어린 시절, 우리 집에서 가내수공업으로 소반을 제작했다. 직공 몇 사람이 톱니바퀴 칼날로 요란한 굉음을 내며 널빤지를 잘랐다. 대패질을 하고 각목을 깎아서 소반을 만드는 공정을 보며 자랐다.

대패질을 할 때 나온 얇은 나무오리인 대팻밥을 갖고 노는 것을 좋아했다. 나뭇결이 살아있는 넓은 모양은 필통 속에 깔고 후엔 좋아하는 시詩를 적기도 했다. 대팻밥이나 톱밥에서 풍기는 나무 냄새를 좋아했는데 아직도 그 냄새를 잊지 않고 있다. 나무속살이나 나무냄새, 나이테, 나무결도 생생하다. 그래서인지 산이나 들에 서 있는 나무를 보면 하얀 속살을 떠올리고 나이테를 그려 보는 상상을 하곤 한다.

옻칠은 여러 차례의 덧칠을 거듭한다. 완성된 여러 가지 모양의 소반이 눈에 선하다. 소반에 자개를 박아 꾸민 자개상을 만들던 수공업이 점차로 나전칠기, 가구로까지 확대되었다. 습자지 같은 종이에 그림을 그려서 조개패에 붙인 후 실톱으로 오려낸다. 오려낸 갖가지 꽃과 새, 사슴 문양을 상판이나 장롱에 붙이고 옻칠을 한다. 공정이 끝날 무렵 자개 위의 칠을 날카로운 칼날로 벗겨 내는 작업을 했다. 일손이 부족할 때는 나도 긁어내는 작업을 도왔다. 신기하게도 오색 찬란한 빛깔이 나오는가 하면 은은한 빛깔, 영롱한 빛깔이 환하게 드러났다. 멕시코자개의 색이 제일 화려하고 진주패의 은은한 빛깔은 참 고상했다. 하늘과 숲, 해조음과 파도소리를 담고 있었다.

나는 신혼살림에도 자개장롱이나 소반만큼은 다양하게 지녔다. 주로 은행나무에 옻칠을 한 제품이었다. 맑은 옻칠을 한 상판은 나무결과 자연스런 윤기를 간직하고 있다. 아파트 생활을 하면서 식탁에 치여 자취를 감추어 버렸지만 가끔 '예스러움' 생각을 한다. 흔하지 않은 대궐반을 지닌 것은 호사였다고나 할까. 꽃잎모양이 12개로 테를 두르고 형이상학적 의미를 지닌 새가 자개로 꾸며졌으며 접이식인 호족형의 다리다. 대여섯 명이 둘러앉아 식사해도 넉넉했던 크기여서 애용했는데 지금은 창고 신세를 지고 있을 뿐이다.

전시장에 다녀온 후 먼지 쌓인 공고상 종류의 찻상을 꺼냈다. 공고상은 먼 거리를 이동할 때 머리에 이고 앞을 보고 갈 수 있도록 특별하게 제작된 소반이다. 소반에 담긴 어린 시절의 추억을 헤아리며 한 잔의 차를 준비한다. 녹차를 우려낼 심산이다. 청자 찻잔을 놓아볼까, 아님 숯을 구워 만들었다는 잔을 놓아볼까. 옻칠 빛깔의 소반에 청잣빛을, 숯빛을 담아 시간여행을 떠난다.

4.

당나귀 도서관

바나나와 죽음의 이슬

커피에 대한 단상

이 아이의 미소를 지켜주세요

검은 눈물

좌와 우

당나귀 도서관

당나귀 두 마리를 몰고 가는 아저씨가 힘겨워 보인다. 콜럼비아의 오지 마을을 찾아가는 중이다. 당나귀의 이름은 알파와 베토다. 당나귀 한 마리에게는 책을 싣고, 다른 한 마리에게는 십여 킬로그램이 나가는 책상을 겸한 간판을 실었다. 건기임에도 시시때때로 비가 내리기 때문에 비닐로 무장을 했다. 텔레비전 화면에서 벌어지고 있는 상황이다.

때로는 알파와 베토가 아저씨보다 더 힘겨워 보인다. 오지마을을 찾아가느라 산 넘고 물 건너 진흙탕 길을 지나고, 수렁이나 습지, 개울을 건너는 게 다반사다. 거기에다 폭염과 폭우가 기승을 부린다. 진흙펄에 빠진 당나귀 고삐를 끌어당기느라 실랑이를 벌이는 모습이 안타깝기 그지없다. 숲 속 길의 철조망을 헤쳐 가며 겨우 찾아 간 곳은, 몇 가족이 피난민처럼 사는 게 고작인 마을이다. 그런 마을들만 골라 다니며 아이들에게 책을 읽어준다. 문화생활과 단절된 그들에게는 유일한 기다림이며 기쁨이다. 빗물을 모아 밥을 짓는 그들의 삶에 책을 읽는 것은 빗물 같은 꿈의 양식인 셈이다.

알파와 베토를 이끄는 아저씨는 초등학교 선생님이다. 선생님 가정인데도 전쟁 후여서인지 환경이 열악했다. 하지만 그의 집에는 책장에나 침대 밑까지 많은 책이 있다. 주말을 이용하여 글을 읽지 못하는 아이들에게 꿈을 그리게 해주고 싶어 책을 가지고 멀고 먼 길을 찾아 나선다. 배움의 기회가 주어지지 않는 고립된 환경에서도 노예처럼 살지 않기를 바라는 마음이라고 한다. 아이들에게 글을 가르쳐 주는 것은 아이들 삶에 밑그림을 그려 주는 일이라고 한다. 문맹률이 50% 되는 지역을 백여 군데 넘게 돌아다녔다. 하루 꼬박 또는 이삼 일간 아이들과 함께하는 생활이 행복하다고 한다. 하지만 생활비를 충당하고 자신의 빈자리를 채워주는 아내와 아이들을 생각하며 눈물을 훔치기도 했다.

우리는 걸어서 도서관에 갈 수 있는 여건이니 축복받은 사람들이다.

여러 군데 도서관을 견학했다. 성결신학대학 도서관은 놀라웠다. 1층에서 빌릴 책제목을 입력하면 노란 바구니가 레일을 통해 4층 몇째 칸에 있는 책을 꺼내온다. 반납할 때도 똑같은 방법으로 레일을 통해 가서 제자리에 꽂고 온다. 참으로 신기했는데 미국 프린스턴 대학교 도서관에서는 그 많은 책들이 꽂혀 있는 긴 책장을 손잡이 레바 하나로 움직이는데 눈을 떼지 못하고 보았다.

주택가에 '작은도서관'을 만드는 일은 매우 바람직하다. 이는 독서인구를 늘리고 독서량을 높여 삶의 질을 향상시켜 살 만한 세상을 만들어 가는 일이다. 이 외에도 지금은 '작은도서관'으로 명칭이 바뀌었지만 사립문고가 상당수 운영되고 있다. '작은도서관협회'에서도 국내와 국외 오지마을에 책을 보내주는 일을 하고 있다.

우리 교회에서 '작은도서관'을 운영해온 지 십여 년이 넘었다. 어린이도서와 성인도서, 종교서적 등 6천여 권이 넘는다. 처음에는 반응이 좋았지만 점점 열기가 식어 도서대출이 한산하다. 그러니 독서량도 기대치에 미치지 못 할 수밖에 없다. 궁여지책으로 자녀를 둔 젊은 엄마 서너 명과 독서지도자 과정을 마친 후 책 읽는 모임을 가져보았다. 6개월 과정은 책 읽는 동기 부여가 되었다. 책읽기가 몸에 배어 지적으로 정신적으로 성장시켜 주고 따뜻한 인간애를 기르기를 원하는 마음으로 '종이거울'이라는 독서모임을 만들었다. 삼삼오오 아이들에게 책을 읽어주고 다독왕 시상을 한다. 책읽기를 좋아하는 아이들은 수십 권씩 읽어내지만 책을 가까이하기에는 한계가 있다. 대출은 여전히 늘지 않아 아쉬울 따름이다.

우리의 유년시절엔 책을 가까이하는 것이 쉽지 않았다. 오늘날엔 환경이 좋아져 가정마다 단행본이며 전집류들이 즐비하다. 도서관까지 발걸음을 하지 않아도 될 정도가 되었으나 책 읽는 일에는 구미가 당기지 않는 모양이다. 요즈음 아이들은 도무지 책이 귀한 줄을 모른다. 책을 가까이하기엔 우선 주변에 흥미로운 것들이 너무 많다. 또한 각종 학원에 매달려 책을 읽고 즐길 만한 여유가 없기 때문이기도 하다.

오지마을 아이들에게 책을 읽어주기 위해 고행을 하는 선생님께 성원의 박수를 보낸다. 당나귀 등에 싣고 다니던 간판을 걸고 책 보따리를 푸는 곳이면 어디나 당나귀도서관이 된다. 허름한 옷차림이나 신발도 신지 않은, 일용할 양식이 우선인 것처럼 보여도 책을 만난 아이들 세상은 작은 천국이 된다. 그곳에서 좋아하는 아이들을 보면서 덩달아 나도 행복했다.

당나귀도서관 선생님을 만난 후로 아이들에게 책을 읽어줄 때면 나의 목소리는 더욱 낭랑해진다. 그들의 얼굴에서 파스텔 톤으로 번져가는 희망찬 웃음을 보았으므로.

바나나와 죽음의 이슬

'죽음의 이슬'이라고 하는 네마곤은 바나나 살충제다. 대규모 바나나농장에서 사용하는 살충제로 사용금지가 되었지만, 얼마 전까지 살포되곤 했다. 중남미 바나나농장은 다국적 기업의 하청을 받은 대규모 농장이다. 바나나야 봉지에 싸서 재배하지만 살충제를 공중 살포하다 보니 농장에서 일하는 사람들의 피해가 컸단다.

텔레비전 화면에 비친 장면은 정말 끔찍했다. 네마곤 살충제로 인한 피해자들의 데모현장에선 네 군데의 땅을 파고 네 사람이 구덩이에 누워 있다. 각자의 앞에는 나무십자가가 세워져 있다. 그들은 빈 무덤에서 생명을 죽음과 맞바꾸듯 시위를 하고 있다.

다국적 기업에게 알리고 국제사회에 호소하기 위해서라고 했다.

한쪽에는 난민촌 같은 천막촌이 형성되어 있다. 바나나농장의 피해보상을 위해 1,000여 명이 넘는 사람들이 15년째 투쟁하고 있다. 다국적 기업 측에서는, 네마곤에 피해 근거가 없다고 사과도 없으며, 현재까지 재판이 진행되고 있단다. 천막농성을 하고 있는 그들은 쌀, 강낭콩, 식용유 등의 최소한의 배급을 받으며 생활하고 있는데 난민 처지와 다름없다.

그들이 말하는 네마곤의 피해상황은 실로 심각했다. 사람의 세포를 파괴하고, DNA를 변형시켜 몸에 2~3가지 증상의 종양을 일으켰다. 농장 노동자인 남편들이 죽어 과부들이 많다. 어머니와 함께 농장에서 일한 딸이 만삭처럼 배가 불러오는 종양으로 의사도 포기했다. 손녀의 손과 발가락도 기형이다. 가난 때문이라고 어머니는 절규한다. 실명한 눈과 잘라낸 다리의 모습도 보인다. 그들의 고통의 끝은 어디인지, 꺼져가는 생명들에게 손을 잡아주기만을 기다리고 있다. 눈물마저 마른 그들이 하고 싶은 말은 "다음세대에 이어지지 않기를!" 갈망한다. 그들의 외침이 빈 메아리가 되지 않기를…….

나의 눈은 TV 화면에 고정된 채 머릿속에서는 송이송이 탐스런 바나나손이 겹쳐졌다 사라지곤 했다. 나의 어린 시절만 해도 바나나는 특권층이나 먹는 과일로 바나나를 먹는 아이들은 부러움의 대상이었다. 부잣집 친구가 소풍 때에 배낭에 가져온 노란색 바나나는 귀물스러웠다. 한 입씩 베어 물 때마다 옆에서 쳐다보는 아이들은 침을 흘렸다. 요즘에야 바나나 수입과정에서 처리하는 약물 때문에 걱정을 하지만, 값도 헐해서 마음만 먹으면 언제든지 먹을 수 있다.

바나나의 참맛을 느낀 적이 있었다. 필리핀의 농장에서 제대로 익어 수확한 바나나를 먹는데, 입안에서 녹는 듯한 부드러움과 달콤한 맛이 새로웠다. 수상가옥 난간에 앉아 배를 타고 여행하는 관광객에게 팔던 바나나에서는 가난의 얼룩이 배어났다. "원 달라!"를 소리치며 바나나 한 손을 건네던 맑고 커다란 눈의 어린 소녀의 얼굴이 생생하다.

바나나는 생김새부터 이국적인데다 어떤 과일보다도 부와 가난이 교차하며 떠오른다. 어릴 적의 초상화처럼 선명한 추억들이다.

과일코너마다 바나나 손들이 진열되어 있는 모습을 보면 마음이 찡해져 온다. 네마곤이라는 죽음의 이슬이 생각나기 때문이다.

아담이 사과를 먹다 목에 걸린 것처럼 바나나를 입에 물면 목울대가 운다.

커피에 대한 단상

유리잔에 커피를 가득 채워 넘실거리며 곡예사처럼 걷는다. 따뜻한 물을 부었을 때 향이 빨리 퍼지면서 향이 진하므로 코를 벌름거리며 심호흡을 한다. 받침접시도 없이 한 손에 컵 손잡이를 잡고 한 손으로는 받침을 하여 따끈함으로, 커피를 체온으로 먼저 마신다. 분위기에 따라 커피맛이 상승되기도 하지만 컵에 따라 단상이 달라지기도 한다. 유리잔에는 커다란 나뭇잎이 새겨져 있다. 잎줄기, 잎맥, 가는 줄기가 조그만 마을을 만들어 대칭을 이루고 있다. 투명한 나뭇잎의 속내를 들여다보다 내 속내를 들여다보고 싶은 충동을 느낀다. 커피를 담은 유리잔의 나뭇잎은 갈색 나뭇잎이 된다. '낙엽을 태우면서 갓 볶아낸 커피를 예찬한' 산문이 떠오른다.

20대 시절을 살 때, 커피는 문화인이나 센티한 분위기를 타며 마시던 기억이 있다. 다방 구석이나 어항이 놓여 있는 자리, DJ가 마주 보이는 자리에 앉아 커피 한잔을 앞에 놓고 음악을 신청했다. 그때 그 친구도 사라지고 추억도 사라졌지만 커피 한잔은 맛보다 후각으로 머릿속에 남아있다. 내가 일하고 있는 여성단체가 전국적인 협의체여서 서울에서 모임이 있을 때 자연 커피를 즐기는 대열에 합류하게 되었다.

단지 잠을 쫓는 수단으로 마시던 것이 아무런 거부반응 없이 마시게 되었다. 한때는 머그잔에 블랙커피를 마시는 마니아 흉내를 내며 즐겼다.

요즘엔 커피 전문점이 아니래도 다양한 커피 가운데 기호에 맞게 커피 주문을 받는다. 예전에 문화인인 척하던 때와 다르게 영자英字 커피 메뉴 앞에서 설명을 들은 다음에야 주문을 한다.

근래에 『고종 스타벅스에 가다』책을 읽으며 다시금 커피 향내가 콧잔등을 간지럽혔다. 7세기경 에티오피아에서, 염소들이 빨간 열매를 따먹고 나면 흥분하는 것을 한 양치기 소년이 보았다. 소년이 그 열매를 따 먹어보니 기분이 상쾌해서 소문을 냈고, 이슬람 성직자에 의해 애용되게 되었다. 우리에게 익숙한 '모카'란 이름은 예멘의 커피 산지이자 항구의 이름이란다.

조선 말기 고종 때, 서양식 건물에서 연회를 베풀고 음악을 들으며 커피를 즐긴 것이 우리나라 커피 역사의 시작이라고 보았다(1890년). 다방은 서울의 명동, 충무로에서 고위 관리층이나 지식인이 주로 출입하며 문화예술인들이 선도주자 역할을 했다. 영화배우 복혜숙이 '비너스'라는 다방을 경영하고, 소설가 이상은 네 차례나 다방을 경영했다 한다. 당시 문인들의 하루 출발점과 종착점은 다방에서 시작되어 다방에서 끝났다는 이야기는 사회상의 단면이다. 커피가 촉매제가 되어 예술인의 집단이 형성되고, 문학인 모임과 문학지가 탄생되고 커피숍은 출판기념회를 여는 공간이 되었다. 음악인을 위한 음악다방, 미술인을 위한 화랑다방 등의 호칭도 엿볼 수 있다.

요즘엔 지역에도 문학동아리가 상당히 형성되어 있지만 1980년대만 해도 동아리가 많지 않았다. 글벗 동인들이 다방이나 커피숍에서 되도록 구석의 넓은 자리를 잡고 앉아 문학 이야기를 나누며 마음의 문을 열었다. 그때만 해도 찻집에서 원고지를 끼고 감성의 촉수를 키우던 유일한 공간이었다. 단골로 다니던 찻집이 사라져가고 오래된 글벗들의 안부도 알 수 없어졌다.

다방이라는 호칭에서 커피숍, 커피전문점……, 스타벅스에 이르기까지 기호식품에 불과한 커피가 화려한 역사를 지니고 있다. 커피의 카페인 성분이 한때는 약인 양 둔갑되는 해프닝도 있었고 또 탈취제 역할도 했다. 그런가 하면 사람의 말초신경을 자극하여 고독, 낭만을 아름답게 승화시켜주는 마력을 지니고 있다. 커피에 얽힌 대중가요는 감수성을 자극하는 노래로 사랑을 받고 있다.

이따금 커피 한잔을 유혹하는 TV 광고가 나의 후각을 자극한다. 누가 뭐래도 이제 커피는 국민음료가 되었다. 하지만 초 · 중 · 고에서 커피인구가 늘어나는 것은 문제가 아닐 수 없다. 제대로 성숙하지 못한 미성년자의 발육에 이득보다 해가 많다고 한다. 손쉽게 커피자판기를 이용하여 아이들의 건강을 해칠 수도 있다는 것이다.

염소의 행동을 양치기가 따르고, 양치기의 소문에 따라 성직자가 커피를 즐겨 마셨듯이, 남이 하니까 우리도 아무 생각 없이 그 빨간 열매를 원하는 것은 아닌지……, 생활 깊숙이 자리한 커피 한잔의 여유에서 씁쓸하면서도 단맛이 배어있는 생활의 일면을 더듬어 보았다.

나의 커피맛도 변해간다. 디카페인이란 이름의 커피를 내린다.

이 아이의 미소를 지켜주세요

세월호 참사 실종자 귀환과 특별법 제정을 염원하는 '생명과 정의의 도보 순례' 길 위에 섰다.

4월에 일어난 사고현장인 팽목항에 사람들의 손길과 발걸음이 줄어드는 모습을 보고 방학 동안이라도 함께 해주려는 취지다. 여름방학에 교수와 대학생들이 주최하여 "일어나 함께 가자"라며 진도 팽목항에서 도보순례단이 출발하였다. 국도를 이용하여 안산 화랑유원지 분향소까지 걸어가야 한다. 우리 팀은 전주지역을 지나가는 길목을 지키고 있다가 먼 길을 걸어가는 순례단에 합류하였다. 교우 몇 사람과 함께 참여했는데 우리 부부는 손주와 동행했다. 프로그램을 설명하니까 TV 뉴스에서 보았던 누나, 형들의 세월호사건을 인지하고 따라나선 것이다.

10여 일을 걸어온 도보순례단에게 효자동교회에서 점심식사와 쉼터를 제공해주었다. 얼굴은 땡볕에 그을리고 입술은 부르트고 물집에 밴드를 붙인 발이 쉬고 있다고나 할까. 발을 의자 위에 얹거나 발마사지를 하고 발을 돌보고 있다. 다시 걷기 시작할 때 전주 지역에 비가 내렸다. 선발대가 깃대를 올리고 나서니 돌아오지 못한 10명의 이름이 새겨진 깃대를 든 사람들이 뒤를 잇는다. 단원들이 입은 노랑조끼의 등판에도 그들의 모습이 새겨져 있다. 횡단보도에서 경찰차가 이따금 사이렌을 울리며 도보순례단을 인솔한다. 우산에 비옷을 걸친 참가자들의 행렬이 길어졌다. 빗속에서 침묵하며 걷는 빗길 위에 서 있다는 사실 뿐, 단지 걷고 있을 뿐, 그 어떤 생각도 할 수 없었다. 우산을 받쳐 들고 비옷을 입은 것도 미안한 마음이다. 물속의 사람들을 생각하면 우산이나 비옷이 사치스럽다는 생각이 들었다. 마음까지 적셔지지는 않겠지만 비라도 흠뻑 맞았으면 싶다. 단지 발품이라도 팔아 이들의 발걸음이라도 가볍게 해줄 수 있기를 간절히 바랐다. 오릿길을 걷기 원하는 자들과 함께 십릿 길을 걸어 주고 싶었다.

삼천 천변길을 지나면서 우리 일행이 카메라맨의 표적이 되었다. 우산을 받쳐주며 걷고 있는데 어린 손주의 환한 얼굴이 클로즈업된 것이다. 최연소 참가자라며 몇 살이냐고 묻자 “아홉 살 2

학년!"이라고 대답한다. 아이는 5킬로쯤 걸었는데도 지치지 않았다. 다리 아프면 업어주겠다고 등을 내밀어주는 목사님 등에 업혀보기도 했다. 아이와 함께 걷는 길에는 사랑과 미소가 깃들어 있는 길목만 있었으면 좋겠다고 생각했다. 카톡 소리에 열어보니 페이스북에 우리의 사진이 올라왔다고 우리의 모습이 찍혀 있었다. 서울에서 이 행사를 지켜보던 지인이 안부를 물으며 카톡에 전송해준 것이다. 참 이렇게 빠르게 소식이 전해지는 시대인데, 아직도 자식의 생사 소식을 모르는 부모 심정은 오죽하랴 싶었다. 그래서였을까. 이 행사를 마친 후 한 사람의 시신이 돌아왔다.

"이 아이의 미소를 지켜 주세요!"

뒷날 활자화된 신문 귀퉁이의 글귀다. 깊이 생각하지 못했는데 내 피붙이에게 이런 일이 일어난다면……. 정말 이 아이의 미소를 누가, 언제까지, 어떻게 지켜줄 수 있을 것인가……. 사람들은 내 코앞에 닥치지 않으면, 내 발등에 떨어지지 않으면, 불행한 일들은 자기와 거리가 먼 일로만 여기지 않던가. 소수자들에게만 주어지는 아픔들은 묻혀져 갈 뿐인가……. 왜 그들의 고통은 나누어 질 수 없고 슬픔은 공유할 수 없을까. 눈물은 전염성이 강한 것 아니었나. 눈물 흘리는 모습만 보아도 코끝이 찡해지며 눈물샘이 열리지 않던가. 우는 이 곁에서 손수건이라도 건네주고 들썩이는 어깨라도 다독여 주고 눈물에 젖은 손이라도 한번 잡아

준다면…….

아니, 아무런 행위를 하지 않아도 잠시 곁에 있어만 준다면, 하다못해 침묵이라도 지켜준다면 좋지 않겠는가. 침묵해서는 아니 될 상황에서 침묵하면 돌들이라도 말한다 했다. 때로는 열 마디의 말보다 침묵할 때 많은 공감을 느끼는 일도 있다. 우리는 왜 공감할 수 없고 연대할 수 없는 일이 많은 세상에 살 수밖에 없는지, 화두를 삼은 시간이었다.

그후 어느 날, 일없이 안산 화랑유원지의 세월호 분향소를 찾아 나섰다. 광명시까지 열차를 타고 버스를 타고 택시를 탔다. 입구에서부터 온통 검정 옷차림의 봉사자의 안내를 받았다. 우울하고 침통하여 슬픔의 촉수가 슬금슬금 기어 나왔다. 노란 리본이 띠를 이루고 리본에 새겨진 글귀들이 동아줄에 매달려 울고 있다. 곳곳에 종교단체 천막에서 기도가 새어나왔다. 봉사단체의 천막이나 부스에서 서명을 받고 조문안내를 해주었다.

분향소에 들어서니 가슴이 먹먹하니 기운이 빠지면서 다리가 후들거렸다. 어미된 심정이어서 영정사진을 똑바로 바라볼 수가 없다. 향기 나는 꽃송이들 속에서 사진 속 사람꽃 송이 송이들은 향기조차 피우지 못한 채 미소 짓고 있다. 이 미소는 영원할 것이다. 한 걸음 걸음 영정사진을 대면하면서 지나오면서 머릿속에 멀미가 일었다. 침몰사건 뉴스를 보며 세월호 소유주의 호가 아해兒孩라는 이름을 들으며 오싹했던 느낌이 되살아났다. 그 순간 희한한 시詩라고만 생각했던 「오감도」라는 시 한 줄이 끼어들면서 영정 속의 아이들과 오버랩되었다. 번개처럼 떠 오르는 구절, "아해兒孩가 무섭다 그리오", "막다른 골목."에서 우리 아이들이 두려움에 질식하는 순간이 그려진 것이다.

두려움이 덮쳐오는 듯했다. 돌아갈 안식처가 있다는 사실도 마음의 평화를 안겨주지 못했다. 교복을 입은 영정 속의 아이들 모습은 가슴에 새겨졌다. 내가 살고 있는 곳의 분향소에서 조문했던 것처럼 한 사람의 조문객이면 족하다. 미화시킬 것도 왜곡시킬 것도 없이 그저 그 모습 그대로를 바라봐 주는 것이다. 그뿐이다. 우는 자들과 함께 울어줄 수 있는 마음 한 자락 얹어주고 싶을 때 그 현장에 가보련다. 똑같은 강물에 발을 두 번 담글 수 없다는 말처럼 흘러가버린 물결일지라도 진도항에 가보련다.

향을 사르던 냄새와 국화꽃향기가 이따금 바람결에 날아든다.

검은 눈물

성탄절에 아이들과 연극을 했다. 나는 할머니 역할로 뜨개질을 하는 장면을 연기했다. 뜨개질 자체는 할머니 역할의 소품 외에 별다른 의미는 없다. 엄마 아빠가 없는 아이들과 살아가면서 크리스마스를 맞아 선물타령을 하는 아이에게 예수님의 탄생 의미를 깨닫게 해주는 내용이다. 결론은 선물을 받고 즐기기보다 이웃과 나누고 섬기는 날이 성탄절이라는 의미이다.

몸뻬바지에 뜨개옷을 걸치고 앉아 버선을 신었다. 모자로는 비닐로 된 샤워캡을 썼다. 안경도 코언저리에 걸치고 뜨개질을 한다. 웃음을 자아내긴 하지만 감동을 주는 메시지가 문제다. 왜, 하필 뜨개질 흉내를 내게 할까? 생각 끝에 각본에 없는 '아기의 모자'를 뜨기로 했다. 영상 한 컷이 머릿속에 잔영으로 남았기 때문이다.

'500원이면 야맹증으로 시력을 잃어가는 아이를 도울 수 있고, 만원이면 모기장을 살 수 있어 모기에 물려 말라리아로 죽어가는 아이를 도울 수 있으며, 모자를 떠서 보내면 저체온증으로 죽어가는 아기를 도울 수 있다는 캠페인'이었다.

국내외를 막론하고 호소하는 소외된 이웃들의 이야기가 불편한 심기로 남아있었다. 한때 딸아이가 W라는 세계 오지의 나라들에 관한 프로그램에서 구성작가로 일할 때이니 자연히 그 프로를 시청하였다. 딸아이가 아프리카를 다녀오겠다고 허락해 달라고 할 때에 썩 내키지 않았지만 의지를 꺾을 수 없었다. 한편으로는 기특한 마음이 들면서도 구태여 힘든 발걸음까지 해야만 하는가 싶었다. 전화 통화도 제대로 되지 않아 돌아오는 순간까지 노심초사했던 일들은 어쩌지 못하는 인간의 불편한 진실이었다. NGO팀과 함께했던 행적들을 보면서도 흔히들 생각하는 어떤 운명적인 것으로 받아들이기에는 애석함을 느꼈다.

그 후로 『왜 세계의 절반은 굶주리는가』라는 책을 읽고서 애성이 바치면서 분노가 일었다. FAO에 따르면 120억 인구의 두 배가 먹고 남을 식량이 생산되는데 왜 하루에 10만여 명이, 5초에 한 아이가 굶주림에 죽어가야 하는지…….

기아문제를 연구하고 UN인권위원회 식량특별조사단이며 제네바대학 교수로, 실증적인 사회학자인 장 지글러와 그의 아들의 대화에 마음이 녹아내렸다. 돌발적인 자연재해는 어찌할 수 없을지라도 구조적인 기아나 경제적인 기아는 줄일 수 있지 않을까. 영양부족한 여성이 아이를 출산하다 죽거나 영양을 섭취하지 못해 점점 쇠약해져 마지막엔 의식도 없이 죽는다.

"기아는 부드러운 죽음이다." "나면서부터 십자가에 못 박힌 아이들" 이라는 말을 너무 가볍게 듣는다.

옥수수를 먹을 때면 찰옥수수를 선호하면서 "전세계 옥수수의 4분의 1을 부자 소가 먹는다."는 말이 떠오른다. 그 외에도 소가 먹는 곡물이 만만치 않다. 세계식량곡물거래소의 거물급 곡물상 손에서, 권력의 농간으로, 농산물 가격을 투기로 하는 '화이트 칼라 강도들'이 날뛴다. 섬칫하다. 그들은 수요와 공급의 법칙이 원칙인데 투기와 덤핑, 품귀현상으로 이윤을 극대화시킨다. UN적십자에게 배고픈 자들의 고통을 묻는데, '지식 위에 침묵의 외투를 걸친 격'이라 말한다. 인구는 기하급수적으로 성장하는데, 가난, 질병, 재해가 인구증가를 줄여주는 자연수단이라는 말은 가히 폭력이다. TV를 보면 일상의 풍경이 된 굶주린 상황의 불편한 진실 앞에 거룩한 분노를 느낄 수는 없을까.「아마존의 눈물」이란 방송을 본 적이 있다. 지구의 허파인 아마존의 눈물이 있는 곳은 국제

시장에서 가장 높은 가격의 콩 경작지로 변해가고 있다고 한다.

FAO에서 "10년 후면 지구상의 어떤 사람도 고픈 배를 부여잡고 잠자리에 들지 않을 것이다."고 선언한 해가 지났다. 그런 날이 언제쯤이면 오기는 올 것인지…….

연극 대사 중에 한마디 던지면서 모자를 뜬 것이, 소리 없는 이벤트로 이어졌다. 모자 뜨기가 이어졌고, 아기모자를 수집했다. 얼굴도 모르는 사람으로부터 판매하던 아기의 예쁜 모자가 덤으로 주어졌다. 마음을 얹어준 손길로 저체온증의 아이들이 따뜻한 단꿈을 꾸기를 빌었다.

아버지와 아들의 진실한 외마디가 들려온다. 왜, 기아문제가 사라지지 않는가? 아들의 질문에 아버지는 대답한다.

"전쟁보다 더 많은 목숨을 뺏어가는 기아를 학교에서는 가르치지 않는다."

작가는 이 책을 말한다. "어린이 무덤에 바치는 참회록"이라고.

좌와 우

선거 열풍이 한창이다. 거리마다 유세를 하며 사람들의 시선을 모으기 위해 마지막 피치를 올리고 있다. 이번 국회의원 선거는 여느 때의 선거와는 다른 국면을 안고 있어서 많은 관심이 간다. 리서치를 위해 잦은 전화가 걸려 올 때에도 질문내용에 선뜻 대답을 못하고 망설인다. 벽보에 붙어있는 수많은 후보자의 사진을 한참을 들여다보았다. 낯익은 얼굴이나 낯선 얼굴들이 저마다의 당당한 모습으로 나열되어 있다.

좌로나 우로나 치우치지 않아야 한다는 명제는 분명한데 좌와 우를 누가 그어놓은 선별인지조차 알 수가 없다. 선거바람의 열풍이나 역풍은 왜 그리도 센지 사람의 가슴을 술렁이게 한다. 이런 태풍에도 끄떡없는 나무의 대화 한 장면을 그려본다.

성경 사사기서에 있는 이야기이다.

하루는 나무들이 나가서 기름을 부어 왕을 삼으려 한다. 감람나무에게 "너는 우리 위에 왕이 되라." 하니 감람나무가 이르되 "내게 있는 나의 기름은 하나님과 사람을 영화롭게 하는데 어찌 그것을 버리고 가서 나무들 위에 우쭐대리요." 한다.

나무들이 또 무화과나무에게 "너는 우리 위에 왕이 되라." 하매 "나의 단것과 나의 아름다운 열매를 내가 어찌 버리고 나무들 위에 우쭐대리요." 한다.

나무들이 포도나무에게 "너는 우리 위에 왕이 되라." 하매 "하나님과 사람을 기쁘게 하는 내 포도주를 내가 어찌 버리고 나무들 위에 우쭐대리요." 한다. 이에 모든 나무가 가시나무에게 "너는 우리 위에 왕이 되라." 하매 가시나무가 나무들에게 이르되 "만일 너희가 내게 기름을 부어 왕으로 삼겠거든 와서 내 그늘에 피하라. 그리하지 아니하면 불이 가시나무에서 나와서 사를 것이라." 비유이지만 많은 것을 생각하게 한다.

나무가 주는 교훈은 큰 울림으로 다가왔다. 나무는 무르면 무른 대로 또는 단단하면 단단한 대로 자기의 속성을 지니고 쓰임새를 알고 있다. 수액을 빨아들여 꽃과 열매를 충실히 맺고 후에라도 나무의 성질에 따라 쓰이는 곳이 각각 다르고, 나무의 쓰임새 이상의 다른 것을 구하지 않는다. 메타세쿼이아나무는 수려하고 장관을 이루지만 무른 성질을 가지고 있기에 목재 쪽보다 가로수에 최적이다. 화단 가에 심어지는 회양목은 크지도 굵지도 않지만 단단하여 도장을 만드는 데에 쓰인다. 그늘도 드리울 수 없는 작은 나무이지만 그 몸으로 만든 도장이라는 것이 사람의 생활에서 얼마나 큰 역할을 하는가. 제 몫에 다함이 없는 회양목을 도장나무라고도 한다.

나무가 주는 교훈이 큰 울림으로 다가왔다.

나무가 사는 숲은 청정지역이다. 인간은 자식을 품안에 두려 하기에 욕심을 부리게 되는데 나무는 자식을 멀리 보낼 줄을 안다. 특별히 전지를 하지 않아도 균형 있는 수형을 이룬다. 나무의 미학은 벗음에 있다. 나신의 모습을 적나라하게 보여준다. 계절이 순환하는 의미가 크겠지만 옷 입듯이 두른 잎을 가랑잎새 만들어 떨어뜨린다. 벗었음에도 부끄러움이 없다. 굵은 가지나 곁가지, 세세한 가지마저 드러내놓아도 부끄러울 것이 없다. 졸가리숲이 아름다운 이유다. 사람들도 훌훌 벗어버릴 줄 알 때에야 그런 경지에 이르지 않을까. 어느 때에야 사람들이 사는 세상이 나무들이 살고 있는 숲처럼 청정지역이 될까. 정치판이 아니어도 오늘 하루를 사는 데 있어서 좌로나 우로나 치우치지 않고 싶다.

왼손잡이가 있다. 딸아이가 어렸을 때부터 유난히 왼손을 사용하였지만 신경을 쓴다고 해서 고쳐지는 게 아니었다. 사람들이 볼 때면 오른손을 사용하다가도 어느새 왼손을 사용하곤 하였다. 오른손으로는 더디던 글씨가 왼손으로 쓰면 사각사각 쓱쓱 글씨 쓰는 소리조차 경쾌하였다. 하지만 마음을 졸이게 하는 것은 영문의 필기체를 쓸 때였다. 오른쪽 지면을 향해 써 나가야 하는데 왼손으로 가리워진 상태에서 써 나가는 게 여간 불안한 게 아니었다. 또 한문을 쓸 때도 획수나 삐침 등의 글자가 이어지는 것을 보면서 아슬아슬하기까지 하였다. 그래도 노트를 보면 신기하게도 깔끔하니 야무지게 정리가 잘되어 있었다.

인정할 것은 인정하고 껴안음이 필요하다. 오른손을 사용하다가 힘들면 왼손을 사용하여 나름대로 합리화를 시킨 거나 다름없다. 한데 제삼자가 보았을 때 왼손잡이이지 아이의 왼손은 삼자의 오른손이나 다름이 없다. 오른손잡이란 말이 없음에도 부득불 왼손잡이란 칭호를 붙인다. 우리 부부는 아이의 상황을 지켜보면서 외국의 경우도 아는 터라 소신있게 양손을 쓰게 하였다. 지켜본 바로는 장점도 많다. 문제는 기성세대들이 어떤 고정관념으로 큰일 날 것처럼 혼내는 것이었다.

딸애의 초등학교 선생님의 경우, 어떤 분은 긍정적으로 격려하는가 하면 어떤 교사는 교정해주려고 자극을 주기 위해서였겠지만, 병신이라는 말까지 들먹였다고 한다. 그 아이가 대학생이 되었을 때 강의실에는 소위 말하는 왼손잡이를 위한 팔걸이책상이 있더란다. 시대의 흐름에서 소수자를 배려하는 모습을 엿볼 수가 있었다.

아이가 피아노를 칠 때였다. 대부분 왼손이 약한데 비해 우리 아이는 피아노의 왼쪽 낮은 건반에 터치가 강하니 웅장한 소리를 냈다. 바이올린을 켤 때도 왼손으로 코드를 누르는데 힘있게 코드를 눌러주어 음이 정확하였다. 이제 성인이 되어 병원에서 일할 때에도 오른손으로 다른 일을 하면서 왼손으로 환자 차트에 영문이나 글씨를 쓰고 있으면 신기하게 바라본다고 한다.

또 한 가지, 머리를 빗을 때마다 느낀다. 가르마 없이 올백으로 넘기는 사람이 있는가 하면 왼쪽으로 가르마를 타는 사람과 오른쪽으로 가르마를 타는 사람이 있다. 말하자면 좌와 우가 2:8인 사람이 있는가 하면 좌와 우가 8:2인 사람이 있다. 꼭 2와 8이 아니라 3대 7이면 어떻고 5대 5면 어떤가. 누가 시시비비할 일인가.

우리의 좌뇌는 지식이나 이성을, 우뇌는 감성을 관장한다고 한다. 우뇌와 좌뇌의 전인적인 교육을 해야 된다는 목소리가 높다. 또한 좌뇌는 오른쪽 눈과 오른손, 오른발을 통제하며, 우뇌는 왼쪽 눈과 왼손, 왼발을 통제한다. 그러고 보면 좌와 우가 개체가 아니고 유기체적인 한몸이 아닌가.

이제는 한 지체를 이분법적인 사고로 나누기보다 두 손을 마주

잡아 깍지를 껴보면 어떨까. 더불어 한 국가 한 국민을 위해 좌도 우도 상관없이 올바르고 정의로운 국회의원만 선출되었으면 좋겠다.

5.

백조에 시선이 머물다

오늘의 이정표는 홀로

요월대에서 달을 보다

노고단 동행

보름달을 품다

손글씨

글을 왜 쓰는가?

백조에 시선이 머물다

캐나다의 가을하늘은 쪽빛 유리알이다. 한가로운 호수 가운데 분수의 물줄기가 바람을 타고 있다. 산보다 물이 높다는 정설이듯 물줄기가 하늘로 치솟다가 수런수런 수면에 내려앉으며 물꽃을 그린다. 쪽빛 하늘은 호수에 쪽빛 둠벙을 만들고 백조와 오리떼들이 한가롭다. 집오리와 청둥오리들이 어울려 논다. 철새들은 모두가 한통속이 되어 소리내어 물질을 한다. 호숫가 숲에는 백조와 오리가 사는 통나무집이 있다. 공원에서 산책하는 사람들의 대화에 끼어들고 싶어도 한국어로는 말을 통할 수가 없다. 이 좋은 풍경을 보고도 소통할 사람이 없는 나만 외톨이다.

백조에 대한 환상을 지닌 때가 있었다. 스무살 적에 차이콥스키의 「백조의 호수」를 즐겨 들었다. 레코드케이스는 하늘색 바탕에 하얀색의 발레리나들이 춤을 추는 그림이다. 오빠네 집에 가서 듣다가 어느 날엔가 손수레에 오디오를 통째로 실어 오기도 했다. 레코드판을 상당히 모았다. 결혼 후에 스피커가 큰 오디오를 장만했지만 아날로그시대를 접고 디지털시대를 살면서 어느새 사라져버린 지 오래다. 돌아가는 레코드판 위에 선을 따라 바늘을 살짝 올려놓는 손가락의 느낌은 아직도 생생하다. 그후로 DVD를 설치하고 영상으로 감상했을 때 꿈속을 거니는 듯했다.

백조에 대한 애착을 떨치지 못해 날마다 십 리 거리의 호수공원을 찾았다. 백조는 쉴 새 없이 부리질을 한다. 하얀 깃털 위에 쏟아지는 햇살이 마름질한다. 길고 유연한 목과 노란 부리가 날개 속속들이, 곳곳의 깃털을 들쑤시며 갈무리한다. 날개를 한 깃털씩 들추어가면서 이쪽저쪽 꽁지까지 깃털을 세우기도 한다. 꽁지깃이나 날개깃의 가늘고 긴 깃털을 공들여 손질한다. 이따금 까치발을 딛고 커다란 양쪽 날개를 퍼덕여서 햇살과 바람을 쏘일 때마다 부드러운 솜털이 날린다. 노란 부리로 자르르 윤기 나는 깃털을 쓸어 마무리한다.

자신을 갈무리하고선 발자국을 남기며 물속에 발을 담근다. 물갈퀴를 가지런히 오므리고 발목을 뒤로 저으며 유유히 떠 있다. 방향을 바꿀 때마다 유연한 모습으로 갈퀴발을 움직인다. 쪽빛 호수에 떠 있는 백조는 고고하기도 하고 요조숙녀 같기도 하다. 긴 목을 물속에 담그고 먹이사냥을 할 때는 하얀 나뭇잎이 떠있는 듯하다. 날개를 한 쪽씩 들추면서 물을 찰박거리며 부리질을 한다. 물장난치는 것처럼 찰박거리는 소리가 요란하다. 물방울이 깃털 속을 씻어내고 깃털 위를 또르르 구르기도 한다. 긴 목을 물속에 담갔다가 등 뒤를 연신 쓸어내기를 수차례, 양쪽 날개를 넓게 벌려 퍼덕이다 단정하게 접는다.

두 마리는 다리가 흑색이고 한 마리는 노르스름한 빛깔이다. 발목엔 가락지를 끼었다. 두 마리가 마주보며 부리를 맞대고 있으면 자연스러운 하트모양이다. 물속에 비친 두 쌍의 백조가 된다. 수컷과 암컷의 깃털은 자외선을 반사하는 방식이 다르다는데 구별할 자신이 없다. 암수는 제짝을 알아보고 구애한다는데 우아한 모습과는 달리 커다랗고 탁한 목소리를 내지른다.

한 마리가 다리를 절뚝거리면서 진흙펄에 발자국을 남긴다. 몸체를 지탱하는 다리나 갈퀴는 한 조각의 천처럼 가여운 느낌이 들었다. 언제인가 한 발레리나의 회고담과 함께 본 토슈즈와 기형이 된 발가락이 떠올랐다. 핑크색 토슈즈는 죽은 핑크색이 되고 발가락 부분까지 닳아빠져 있었다. 발레리나의 얼굴 모습이나 표정, 그 어디에서도 찾아보기 힘든, 공이 박인 일그러진 발가락 모습에 짠한 전율이 일었다. 그 발레리나가 백조의 왈츠를 모방하기 위해서 발가락 끝에 자신을 세우며 공을 들인 고통의 시간이 얼마였을까. 백조에게서 삶의 이치와 순수를 배우며 자연의 벗으로 하나가 된 것이다.

어쩌면 한 마리의 백조가 발레리나를 탄생시켰지 싶다. 발레를 고급예술이라 한다지만 발레리나와 발레리노의 예술인생이 제일 짧다고 한다. 나이 40세를 넘으면 관절염으로 힘들어진단다. 그런 희생 덕분에 우리는 백조의 춤을 즐기게 된다.

발레리나는 토슈즈를 신고 종종걸음을 하거나 겅중겅중 걷는 모습이거나 돌이뱅뱅이 하듯 회전하며 백조의 모양새를 재연한다. 부드럽고 유연한 팔 동작은 자유자재로 놀리는 백조의 긴 목을 닮았다. 발레리나는 백조가 되고 백조는 발레리나가 되어 시선을 머물게 한다.

호수를 찾은 어느 날. 철새오리들과 백조들의 춤사위가 벌어졌다. 오리들이 수중발레를 하고 있다. 물속의 먹이를 찾는 것인지 꽁지를 하늘로 치켜세우고 양쪽 물갈퀴를 열심히 젓는다. 철벅거리며 작은 동심원을 그리자 하얀 물보라가 인다. 백조도 똑같은 모습으로 꽁지를 하늘로 향하지만 유연한 몸짓으로 커다란 동심원을 그린다. 수면에 고요하게 잔잔한 파장의 물결을 그린다. 자기의 모습이 물속에서 훤히 비치도록 단장하듯 정갈한 몸짓이다.

유리알 호수에 노닐 백조를 그려보며 차이콥스키의 발레곡「네

마리 백조의 춤」을 듣는다. 발레리나의 영상을 보면서, 백조들의 춤사위를 보고 있자니 연출가가 된 기분이다. 「백조의 호수」 안무를 한 사람은 백조들이 노는 모습을 보고 영감을 얻었다고 한다. 이런 삼박자의 느낌이 마치도 내가 한 마리의 백조인 양 고개춤이 인다. 백조들의 춤사위는 내가 이십대였을 때에 띄웠던 가을편지처럼 다가왔다.

어느덧 가을이 깊어지는가. 분수에 무지개가 걸렸다. 물꽃을 피우고 있다.

꽃대궁 하늘로 하늘로
바람 끝에 매달린 물의 요정
낙화는 네 꿈일는지 몰라
발레리나 꿈꾼 곡예사

수정은 물안개로 눈이 멀어
흔들리며 피는 무지개꽃
뿌리 없는 나무라네
네 핑크빛 토슈즈는 빛을 잃고
네 발가락은 닳고 문드러져
핏빛으로 물든

그래서 더욱 고운 꽃대궁

백조는 발레리나를

발레리나는 백조를 그리다

흐르는 와~ 왈츠

물결로 호수를 채우는

오늘의 이정표는 홀로

무궁화호 열차가 남쪽으로 많은 이정표를 지나 막다른 철길에 닿았다. 여수 땅에 발길을 내딛는 순간 바람소리에 어렴풋이 해조음이 들려왔다. 여수엑스포로 떠들썩하던 모습들이 이제야 하나 둘 눈에 들어온다. 옛 역의 아담하고 정겨운 대합실 풍경은 사라지고 기억 속에서만 수런거린다. 수차례 여행을 왔던 곳이지만 마치 초행길처럼 두리번거린다. 오늘은 작정을 하고 떠나왔으니 발길 가는 대로 거닐어볼 심산이다.

우선 이정표를 보고서 진남관 쪽으로 향했다. 달리는 차량들과 부산하게 움직이는 사람들 틈바구니에 낀 채 서서이 걸었다. 혼자만의 여행길에 올라보기를 벼르다가, 완행열차 타던 시절도 회상해볼 겸, 동백과 남쪽 바다도 볼 수 있는 여수를 택한 것이다. 그전에 동행과 함께하느라 시선을 주지 못했던 거리나 주변 풍경에게 수인사를 한다. 유난히 눈길이 가는 곳에서는 발걸음을 멈추어 시선집중을 한다. 시간 죽이기도 필요할 터. 구태여 길을 묻지 않아도 스스럼없이 길을 내주는 길목들이 고마웠다.

얼마나 걸었을까, 돌담길을 올라가니 둥근 기둥이 웅장한 진남관의 풍채가 혼자인 나를 더 왜소하게 만든다. 사람들을 피해 한 기둥 아래 웅크리고 앉아서 겨울바람을 탔다. 성웅 이순신 장군 동상의 뒷모습을 본다. 청동으로 빚은 서슬퍼런 음성이 파도를 삼켰음이다. 여수바다와 거북선을 내려다보며 자연스레 평시조 한 곡조를 읊조렸다.

한사~ ~아아아아ㄴ 서~어어~ ~ ㅁ 다~ㄹ밝으~ ~ㄴ

바~ ~ㅁ 에~ ~

수우~루~ ~ ~ ~ 우으 에~ ~

초장 중장 종장 소리를 내면서 혼자라는 사실이 실감이 났다. 누구도 의식하지 않았다. 내 귀에 들릴 정도로 낮은 목소리인지라 바람에 날아갔다.

혼자서 점심을 김밥 한두 줄로 때울까 하며 예전에 왔던 익숙한 음식점을 기웃거려보았다. 점심때가 비켜선지 한가하다. 오직 나만을 위한 밥상, 꽃게탕을 한 상 받고 주인공처럼 즐겼다. 혼자서는 식당에 가지 못한다는 생각을 깼다.

비릿함이 물씬거리는 어물전을 누비다가 여객선터미널에서 술렁대고 있는 여행객들을 보았다. 배낭과 짐 꾸러미를 맨 등산복 차림의 사람들이 빠져나가자 대합실이 한산해졌다. 마치 다음 여객선을 기다리는 객처럼 느긋하게 앉아서 벽면을 장식한 섬 풍광 사진에 젖는, 사람냄새 나고 시끌벅적하던 옛 대합실의 정겨움은 엿볼 수 없다. 고향사람이 그리우면 대합실에 가보라는 옛말도 이제는 덧없다.

오동도 방파제 둑길에는 가족들, 연인들, 사람들이 줄을 이었다. 무리지어 다니는가 싶다가도 연인끼리, 친구끼리, 삽시간에 숲길에 숨어든다. 겨울잠을 자는지 꿈적도 아니하는 동백나무에게는 눈길도 주지 않았다. 다만 동백꽃을 노래한 시 구절이 발길을 쉬어가게 했다.

숲에 들면 경전을 읽는 느낌이라던가. 숲길을 따라 내려가다 후미진 벼랑 끝에서 낚시꾼을 만났다. 외기러기가 된 기분이었는데 동지를 만난 듯 내심 반가웠다. 낚시꾼은 혼자이기를 초월한 선인 같아 보인다. 오로지 빈 낚싯대를 연신 건져 올려 찌를 만지다가 다시 던지며 물비늘만 뜨고 있다. 내가 내려놓지 못한 의지의 밧줄이 저 낚싯줄 같다는 생각이 든다. 의지하던 밧줄이 때로는 허당이었다는 것…… 부모님이야 고인이 되신 지 오래이고, 자식에게 의지의 밧줄을 동여맬 처지는 아니다. 남은 의지의 밧줄은 남편이라고 해야 하나…… 저, 낚싯대에 이어진 낚시줄 정도라고 한다면 섭섭해 하겠지…… 어디에도 견줄 수 없는, 보이지 않는 동아줄이 내 안에 있음이 감사하구나. 오랜 시간 그 자세로 흐트러지지 않고 곁눈질도 없는 낚시꾼이 마치 수행자처럼 여겨졌다.

동백섬 등대지기는 온데간데 없고 전망대에서 먼 바다를 바라보았다. 그 먼 미지의 세계로 난 미로를 헤아려본다. 등대의 불빛만이 미로를 찾는 발길에 빛을 비추어준다. 바람길이 어찌 순풍만 내겠는가. 강풍 이는 바닷길은 얼마나 위태할까. 지금까지 내가 쌓아 온 인생길이 수직이나 직선이 아닌 나선형의 둘레길로 다가왔다. 구심점에서 원을 그리거나 때로는 타원형의 그림을 그리다가 원점으로 되돌아오지만 복선이 깔려 있다. 외길에서도 갈림길에서도 누군가와 함께이기에 길을 잃지 않고 이제껏 잘 살아왔다. 추억 속의 길을 회상하노라면 함께였고 홀로였지만 가끔은 내 앞에 열리지 않았던 길을 헤아려 보았다. 언제까지 '함께' 라는 단어와 살 수 있을까. 오늘처럼 홀로 걷는 길에도 내 안은 텅 빈 충만함으로 가득하다. 사유의 뜨락에서 내 안의 심연에 가라앉아 있던 것들을 꺼내보는 시간이었다.

가보지 않은 길을 찾아 항상 떠날 채비를 하는 마음으로 하루를 살아보는 것도 나쁘지 않다. 구태여 발품을 팔지 않아도, 부메랑이 되어 돌아올 수 없는, 홀로 가야 할 길이 분명 있을 터이다.

해거름에 둥지를 찾아 상행열차에 오르니, 빈 의자가 반겨주었다.

요월대에서 달을 보다

사월 보름날, 요월대에서 달을 보기 위해 한벽당을 찾았다. 전주천 물길을 따라가다보면 물색으로 보아 수심이 깊어짐을 알 수 있다. 버들강아지도 살이 통통 오르고 버드나무도 눈을 떠서 실버들을 준비하고 있다.

오모가리탕으로 이른 저녁식사를 마치고 한벽당에 오른다. 자연석의 돌계단에는 난간이 없어 조심스럽다. 한벽당 마루에는 우리보다 앞선 한 쌍의 젊은이가 밀회를 속삭이고 있다. 에돌아 뒤편으로 가니 작고 아담한 요월대의 공간은 비어있다. 이곳은 자주 찾는 산책로이지만 요월대에서 달을 보기란 그리 쉽지 않다. 언제이던가, 이곳에서 낮달을 본 적이 있는데 달빛을 한번 보고 싶었다.

옛날에는 달을 보기가 어려운 일이 아니었다. 밤에 동네에 마실을 다니기도 하고 대낮처럼 밝은 밤에 그림자밟기 놀이를 하며 함박 웃음꽃을 피웠다. 툇마루에만 걸터앉아도 누군가 날마다 처마에 달을 걸어놓았다. 팔짱을 끼고 마당을 돌면 장독대의 기다란 그림자와 마주하고 빈항아리에 가득 고인 달빛을 보았다. 요즘엔 고층아파트가 숲을 이루어 눈을 가린다. 휘황찬란한 불빛으로 인해 달빛은 빛을 잃고 있다.

요월대邀月臺에 발광전등이 비추이는데 너무 밝아서 요월대의 정취와 어울리지 않는다. 누각을 받치고 있는 굄대 밑의 바위에도 '邀月臺'라고 굵게 새겨져 있다. 달을 맞이하는 누각! 파인 글자에도 세월을 탄 흔적이 보인다. 한벽당의 팔작지붕이나 규모에 비하면 요월대는 맞배지붕으로 작지만 아담하여 지인 몇이 달맞이하기에 딱 좋다. 여름엔 숲이 우거진 데다 한벽당에 가리어서 숨어있는 듯 보였다. 아직 잎이 피지 않은 나뭇가지에 걸린 마른 가지나 줄기를 걷어냈다. 행여 보름달에 티가 될까봐 조바심에서다.

깎아지른 바위 아래에서 각시바위를 지나 흐르는 물줄기를 바라본다. 이따금 다리에서 요란한 굉음의 차량이 줄을 이으면 저 흐르는 물결소리, 멀리서 들려오는 기적소리를 삼켜버린다. 애써 외면하고 눈을 들어 먼 산을 본다. 동고사와 승암사를 내리달아 눈언저리에 '굴다리'가 이어진다. 댓잎이 서성이며 옛정을 말해준다. 마삭줄기가 기어오르는 바위를 보며 옛적에 울리던 기적소리에 그을린 그리움을 본다.

누각의 단청이나 마루바닥은 세월의 골을 탔다. 옛 선비들의 풍류가 사라진 탓일까. 요월대를 찾아 술잔을 기울이고 시조를 읊조리며 벗을 사귀던 시정이 사라졌다. 현대인의 삶이 삭막해져서 달을 바라볼 여유가 없는 탓인가. 찾는 이가 없다. 벼르다가 모처럼 보름달을 찾아드는 만남이어서 마루에 돗자리를 펴고 애기꽃에 달빛이 스며오기를 기다렸다. 사월의 보름밤은 밤 깊을수록 한기가 들어 몸은 자꾸 움츠러드는데, 보름달은 떠올라주기를 기다려도 밝을 기미가 보이지 않았다. 달 뜨는 시각을 확인하고 조바심을 해도 아랑곳없는 하늘엔 탓할 구름조차도 보이지 않았다.

요월대에서 달을 보며 즐기려면 시간에 얽매이지 않고 느긋한 마음이어야 한다. 돌비나 바위에 새기거나 편액에 새겨진 이름들은 풍류를 생활 속에서 즐긴 분들이다. 모처럼 나선 여자들이고 어느 날 한 번의 시도로 자연의 운치를 덥석 안을 수 있겠는가. 아쉬운 마음으로 돌계단을 내려오면서도 동녘 하늘에서 눈길을 떼지 않았다.

실망이 너무 빨랐나 보다. 갑자기 승암산 중바위 쪽이 훤해지기 시작하였다. 환호성을 지르며 다시 요월대에 올랐다. 칠흑 같은 어둠에 떠 있는 빛 덩어리 하나가 눈부심도 없이 마음까지 밝혀준다. 요월대 처마에 걸린 만월, 나뭇가지에 걸린 아련한 모양, 한벽당 처마에 풍경처럼 매달려 흔들리기도 했다. 요월대를 비춰주는 불빛 덕에 단청색이 선명하고 곱다. 적막하고 여유로운 대금 연주소리라도 빌려다가 듣는 느낌이다. 달빛이 이울도록 요월대에서 밤새워 달맞이 하고 싶었다.

승암산 중바위 어깨쯤에 솟은 듯하더니 어느새 중천에 미끄러져 가고 있다. 소리도 없이 물속에서 돌 사이를 헤집듯이 일렁이며 가고 있다. 고갯마루를 넘어 온 달이 한벽당에서야 물속에서 자신의 그림자를 찾았다. 물먹어 부풀 대로 불은 달빛은 행여 더 밝을까. 주마등 삼아 갈 길 밝힐 심산으로 달빛을 길어 올린다. 물속에 비친 햇빛은 눈을 멀게 할 것처럼 눈부심에 비해 물속에 비친 달빛은 볼수록 정겨워 빠져들게 만든다. 하늘에선 구름 따라 흐르고 땅에선 물 따라 흐르다가 어디메쯤에서 하나로 만날까.

내 안의 요월대에서 달빛을 직조해본다.

봄밤에 피는 달빛은 서러운 꽃이다

하여

요월대 난간을 어루만지네

옛 선비가 읊고 간 시구
님의 눈동자 맑히네
터널 지나던 기적소리 여지껏
그을린 그리움으로 남아 있는데
한벽청연
물결의 물갈퀴는 달에 생채기를 내는데
낚싯대로 물먹은 달 건져올려
누각 지붕 처마 끝
단청 더 불빛 밝아라
소리 없는 꽃등
님의 밤길
발등에 달빛 꽃이 피도록

요월대에서 보름달을 건져 올린, 물오르는 버들가지에 달빛이 피어난다.

노고단
동행

해마다 사오월쯤이면 지리산 자락에 마음을 보내곤 한다. 늦잠을 자고난 듯 새순을 내미는 숲이 얼마나 아기자기한지 지리산의 봄을 보고 싶어 한다. 그 시기를 놓치고 나니 아쉬움이 그지없었다.

그러던 차에 글벗들과 어우러졌다. 글벗이 노고단을 꿈두듯이 나 역시 천황봉 산행을 오래전부터 꿈꾸어왔기에, 천황봉을 이미 다녀왔던 또 다른 글벗과 셋이서 노고단 산행을 감행했다.

우리는 유유자적하게 산행을 시작했다. 다리가 불편한 글벗과 동행할 때에는 오른팔을 빌려준다. 사실 나도 튼튼한 편은 아니지만 서로 팔을 잡고 걸으면 조금은 도움이 되나 보다. 왜, 친구끼리도 걸을 때 자연스럽게 팔짱을 끼면 훨씬 다정다감해지지 않던가.

조금 가다 힘들면 그늘 아래 앉을 자리를 찾는다. 깔끄막진 언덕이 시작되는데 마침 지나가는 휴게소의 공사 트럭에 도움을 청해 힘들어하는 글벗을 태워 보내고 둘이 걸었다. 수필동인으로 함께하면서 속정을 나누고 싶었던지라 좋은 기회다 싶었다. 이런저런 이야기를 나누면서 쉼터에서 한줄기 바람을 맞았다. 봄이면 아지랑이에 덮여 있는 떡잎들로 잔잔한 계곡, 맑은 날이면 섬진강 줄기까지 보이는 계곡을 앞서간 글벗에게 보여주지 못하여 섭섭하다. 샛길로 가로질러 올라가 합류하였다. 다시 세 명이서 지름길인 돌계단길이 험하지 싶으면서도 도전하였다.

팔짱을 낀 우리는 평지길을 걸으면서도 보폭을 맞추어야 했다. 왼발 오른발을 때로는 같이 때로는 다르게, 가늠을 잘해야지 발을 밟지 않는다. 그건 내 몫이다. 걸음걸이도 호흡이 맞아야 하는데 순발력이 필요하다. 돌계단 길은 더욱 신경을 곤두세워야 한다. 한 사람이 헛발을 디디면 둘이 나동그라질 수 있기 때문이다. 동행이라는 단어가 깊은 의미를 지녔다는 것을 새삼스레 확인했다.

휘청거리는 걸음으로 노고단 고갯마루에 드디어 올라섰다. 세 시간 남짓 올라온 글벗은 감회가 남다른지, 이 감격을 연신 친구들에게 전하고 싶은가 보다. 백두대간으로 이어진다는 지리산 한 자락을 오르고 행복한 날로 정한 그 기쁨에 내 기쁨도 얹어주었다. 이 날은 영원히 잊지 못할 것이다.

반그늘에서 도시락을 비우고 정상을 향했다. 안식년이 끝났는지 문은 열려있었다. 생태계를 보호하려는 노력이 여실히 드러났다. 나무계단을 오르자니 싱그러운 야생초들이 양옆에서 눈길을 기다린다. 원추리, 산나리가 여기저기서 꽃대를 들어 올리느라 한창이다. 7월인데도 원추리꽃을 보기는 이른가 보다. 이따금 동자꽃, 다른 야생화들과 눈맞춤하며 렌즈에 담았다. 야생화 군락지가 있는 정상을 향하던 발걸음은 뒤따르는 산객들에게 딸려보내고 내리막길로 접어들었다. 더 이상의 도전은 무리라는 생각에서였다. 하산할 땐 잘 닦여진 넓은 길을 택했다. 셋이 모이면 그 중에 스승이 있다지. 마음의 귀를 열어놓게 된다. 셋이 만나는 것은 처음인데도 자연스럽게 마음이 오고갔다. 많은 이야기를 주고받진 않았지만 수필집 한 권씩을 서로 교환하였으니 글을 통해서 알 만큼은 안다고 할까. 사람을 알 때 신언서판身言書判 이라고 하지만, 판서언신이라 한들 뭐 대수겠는가. 글 속에 녹아있는 그 사람을 아는 것이 제대로 아는 것이 아닐까. 그래서 호감이 가고 친근감이 생겨 이렇게 동행으로 이어졌으니, 우리의 만남이 보통 인연은 아닌 성싶다.

산허리에서 흘러내리는 물소리가 우리의 발길을 붙잡았다. 피로도 풀 겸 발을 담그니 발이 시리다. 물가의 버들가지를 꺾어 버들피리를 만든다. 노련한 솜씨로 버들가지의 겉껍질을 비틀고, 혀를 만들어 삐치고 앞앞이 피리를 장만했다. 길게, 짧게 서너 개씩 입에 물고 불어댄다. 뚜우~ 뚜 뿌우~뿌 버들피리들은 저마다의 소리를 내며 숲에 퍼졌다.

피리를 불면서 걸었다. 한 사람이 뿌뿌 불면 두 사람은 뿌뿌 하며 장단을 맞추어 필릴리~ 노래한다. 마주치는 젊은이들은 우리의 모습을 의아하게 바라본다. 나이가 지긋한 분들은 버들피린 줄 알고 한마디씩 거든다.

"좋아보입니다." "뱀 나와요!"

어릴 때 피리를 불거나 휘파람만 불어도 뱀 나온다고 어른들께 지청구를 들었다. 또 외국에선 '피리를 불면 뱀이 춤을 추는 장면'을 이야기하였다.

서서히 글벗이 다리가 힘들어지기 시작하였다. 노고단 정상에 오른 기쁨 속에 감추어둔 힘든 기색이 묻어난다. 여간한 의지가 아니면 도전하려는 생각조차 하기 힘든 상황인데 글벗은 찔레꽃만큼 강인했다. 올라갈 때처럼 내려가는 차량이 있으면 도움을 청하련만 아무런 기척이 없다. 그래도 길가의 산뽕나무 열매에 눈이 팔려 입술에도 단술이 되었다. 빠알갛고 시큼한데도 산뜻한 맛이었다.

우리가 마지막 길손처럼 등산객의 발길이 뜸해졌다. 아직도 가야할 길은 먼데 가랑비가 날리기 시작했다. 가랑비쯤이야, 느긋한 마음으로 굽이진 길을 걷는다. 산딸나무꽃이 만발하여 어둑해져가는 숲을 환하게 밝혀 우리의 발걸음을 비춰준다. 한 굽이 돌아서면 살포시 고개를 내미는 함박꽃에도 눈맞춤을 빠트릴 수 없어 넋 놓고 바라본다. 지리산의 햇빛과 바람과 구름, 어느 것으로 인해 이렇게 맑고 환한 빛일까.

우리가 출발했던 성삼재 휴게소에 도착할 때는 6시였다. 노고단 산행만 꼬박 8시간이었다. 글벗은 지칠 대로 지쳐 있었다. '남원골 추어탕' 집에서 '추어데이'로 피로를 풀었다. 어둠이 이슥하도록, 정답게 만남의 의미를 새겼다.아마도 노고단 동행은 오래된 동행으로 이어질 성싶다.

보름달을 품다

"온 나라 맑겠다. 기온 0/14. 해. 외출지수 90. 달돋이 시간 5시 25분".

일간지의 날씨예보를 보니 꽃을 찾아 나서기에 더없이 좋은 날씨다.

달 돋을 시간 즈음에 산동을 지나 하동을 향해 달리고 있다.

집을 나설 때는 매화초옥梅花草屋에 살고 있는 선비를 찾아가는 것처럼 마음이 살랑거렸다. 길마다 꽃길이 이어지고 매화마을엔 소리 없는 아우성으로 매화꽃이 눈밭처럼 희다. 한낮의 북새통을 치른 흔적들, 차량과 고성방가가 어둠속에 남아있다. 난장판이다. 매화는 향기를 팔지 않는다는데, 꽃들에게 미안한 일이다.

한낮에 꽃을 보기에는 좋은 날씨였는데, 해 질 녘 흐릿한 하늘을 보며 보름달을 놓치나 싶다. 매화마을을 여러 차례 다녔지만 일부러 귀가를 서둘러야 할 시간대에 마을에 도착한 것은 만월에 만개한 매화를 만나기 위해서다.

매화축제 행사장을 지나 한참 달리니 소리도 불빛도 없는 운치 있는 마을에 닿았다. 인적이 끊어진 농장이라는 말보다 매화 꽃밭이 맞을 것 같았다. 인기척에 흰둥이 강아지 한 마리가 소리를 내고 달려온다. 이내 우리 곁에 머물고 있다. 흰둥이도 매화와 친하자는 것인가, 순둥이가 되어 소리 없이 거닐고 있다.

보름달이 아직 중천에 이르지 못했다. 하늘은 칠흑 같은 어둠이다. 매화는 달빛을 빌리지 않아도 하얀 눈 한 겹 덮고 있는 고요다. 매화나무 등걸 사이로 보름달을 보고, 매화꽃 가지 사이로 보름달을 볼 때, 달 속에 안긴 꽃송이는 향기를 풀어헤친다. 꽃을 아우른 가지에 걸린 달의 모습이나 꽃의 모습을 순간에 담는 일은 예사롭지가 않다. 사진을 찍는 찰칵 소리만 이어지고 이따금 새어나오는 카메라 불빛이 주위를 잠시 잠깐 밝힌다. 사진을 찍는 한 시간 가량 매화밭에 있을 수 있는 것은 달빛에, 매화향기에, 꽃빛깔에 매료된 때문이리라. 매화 꽃잎은 함박눈송이처럼 곱고 속살은 눈 녹는 소리를 내는 하얀빛이다.

"이화에 월백하고" 시조를 읊조리며 '매화에 월백' 한들 손색이 없을 테고, 암향이라더니! 암향이라더니! 연발할 뿐. 보름달의 정기를 느낄 뿐, 달은 소품인 듯 다가오지 않는다. 숨소리도 멎고 한 정점에 이르는 모습을 되새겨 보며 꼼짝 마라! 무릎 꿇는 부동자세가 된다. 문득 달의 정기를 받아들이는 여인의 모습이 되노라니 목과 어깨와 팔 다리가 뻐근하다. 달과 꽃과 나만 존재하는 듯 주위를 의식하지 않았다. 아직 춘분을 지나지 않은 들녘은 싸늘하여 손이 시려오지만 흔들림 없는 순간을 위해 마음을 모았다. 매화 초옥엔 달빛이 스며들고 매화향기 따라 드는 따스한 불빛을 오래 바라보았다.

매화가지에 걸어 두고 온 달을 꺼내보노라니 마음이 자꾸 설렌다. 얼마나 셔터를 눌러댔는지 같은 배경이나 표정이 겹쳐있다. 만월과 만개한 매화의 여운을 화선지에 그려놓은 그림으로 남겼다.

그날 밤, 신열을 앓았다. 섬진강변에서 재첩국에 밥 말아 먹고, 초장에 벚굴 먹으며, 옥수수 알갱이를 센 것뿐인데. 달의 찬 기운이었는지, 밤이슬 때문인지 모르겠다…… 매화는 추위에도 파르르 떠는 꽃이파리 하나 없는데도 내 손등은 냉기에 겨드랑이를 찾고 앓기까지 하였으니…….

동행한 글친구와 나누어 볼 깜냥으로 잘 나온 사진 몇 꼭지 골랐다. 오래된 등걸에 걸린 달, 소담스러운 하양 꽃들, 저만치 혼자

피어있는 속살 내비치는 한 송이, 꽃 사이로 얼굴 내민 달, 꽃가지에 걸린 달, 매화나무 우듬지에 솟아있는 달.

소동파의 시 「춘야」의 한 구절을 새긴다.

春宵一刻値千金 춘소일각치천금*

봄날 밤의 한순간은 천금에 값하나니

花有淸香月有陰 화유청향월유음

꽃에는 맑은 향기 있고 달도 밝구나.

짧은 봄날 밤의 한가롭고 아름다운 경치는 천금을 주고라도 사고 싶구나!

오랜 싯귀 하나 건진 봄밤이었다.

* 春宵一刻値千金 물건의 값어치를 뜻할 때는 "치"로 읽는다.

손글씨

글벗이 북한 금강산에 갔다가 연필을 사다 주었다. 어린 시절, 연필 열두 자루 한 타스를 선물받고 기뻐하던 감동이 되살아났다.

문화연필공장을 견학했던 어린 시절의 일을 이따금씩 떠올리곤 한다. 또 여행지에서 선물 중 부담 없이 선물로 사게 되는 게 여러 모양의 연필이다. 향나무로 만든 새 연필을 처음으로 깎을 때의 기분은 새록새록 되살아난다. 친구가 사온 연필은 사각으로 각이 져 있고 금강산 그림이 그려 있어서 새롭다. 옛날에는 연필심이 딱딱하고 종이에 잘 칠해지지 않아 때로는 침을 묻혀서 써야 하는가 하면 노트가 찢어지기도 했다.

연필 쓰기를 좋아하는 나에게 몽당연필은 가장 오래된 추억의 친구다. 몽당연필은 더 이상 깎을 나무살이 없을 때까지 볼펜깍지에 끼워 쓰고도 버리지 못했다. 볼펜이 처음 나왔을 때 그 편리함에 좋아했지만 글씨를 쓰면 묻어나는 똥 때문에 몽당연필을 끼우기 위해 볼펜을 망가뜨리기도 했다. 버리지 못한 몽당연필이 가득한 필통을 보면 어린 시절 친구들의 얼굴이 보이는 듯하다. 4B연필도 빼놓지 않고 챙긴다. 밑그림을 그릴 때 사용해야 제격이지만 책을 읽을 때 밑줄을 긋기도 하고 메모하거나 낙서하기가 좋다. 책읽기를 끝내고 지우개로 지우면 책에 흠집이 나지 않아서 좋다. 몽당연필과 단짝인 지우개도 몽당지우개로 고물고물한 모양새다.

소녀시절에 갖고 싶었던 것 중의 하나가 만년필이다. 생일선물로 받은 만년필로 일기를 썼다는 『안네의 일기』라는 책을 읽고 나서부터였다. 잉크와 펜을 사용하던 중학생이던 그때에 만년필을 갖고 싶은 꿈은 쉬 이루어지지 않았다. 고등학교를 졸업하고서야 'pilot'이라고 새겨진 초록색 만년필을 갖게 되었다. 만년필의 튜브 속에 잉크를 채우는 것도 흥미롭고 펜글씨보다 매끄러워 일기만큼은 꼭 만년필로 쓰고 싶었다. 아마 『안네의 일기』에서 만년필의 매력에 흠뻑 빠진 탓이었다. 얼마나 애지중지했는지 코바늘뜨기로 주머니를 만들어서 지니고 다녔다.

수필을 쓰면서 다시 만년필과 아름다운 인연을 맺었다. 남편의 선물로, 딸아이의 선물로, 좋은 글을 쓰라는 격려로 세 개의 만년필을 갖게 되었다. 만년필이라 하면 몽블랑, 날렵한 코로스는 아닐지라도 유럽풍이라는 '워터맨'에 내 이름이 영문 필기체로 새겨져 있다. 딸아이가 구성작가가 되어 '손글씨'라는 30분 방영의 다큐를 진행하면서 얻은 만년필이 덤으로 주어졌다. 만년필은 경전의 글귀를 옮겨 적을 때 힘이 덜 들어 애용한다. 확실히 만년필 글씨는 정성을 들이게 되고 몇 번씩 글씨 모양새를 다듬게 된다.

'손글씨 다큐'에서 만년필동우회에 솔깃해졌다. 성인뿐만 아니라 초등학생도 함께 활동하고 있다. 그들이 말하는 손글씨의 매력은 글자 한 자 한 자에 담긴 에너지에 있었다. 글씨에는 각각 표정이 있고 감성과 감정, 감각이 있어 찌푸리게도 하고, 웃게도 하고, 근엄하게도 하며 삶의 질을 향상시킨다고 했다. 글씨가 곧 그 사람을 말한다기에 악필인 사람은 교정을 받기도 했다. 글씨에도 얼굴이 있어 성형을 요한다는 이야기다.

손글씨에서 또 하나의 재발견. 구본진 교수는 항일운동가의 글씨를 후세에 남기려고 사백여 명이 쓴 글씨를 모았다. 항일운동가 사백여 명과 친일파 백칠십여 명의 필적을 모아 비교해보니 두드러진 차이점이 있었다. 연히 드러난 점이었다. 항일운동가들의 글씨는 사람을 닮았다 할 정도로 글씨가 꾸밈이 없고, 글씨체에 뚝심이 서려 있으며, 선한 마음까지 얹어 있다는 것이다. 글씨의 간격이 좁으며 의지가 굳고, 모서리 부분이 각이 져 있는 것이 특징이란다.

친일파 글씨의 특징은 난필이며 유연하고, 난삽한 글씨 모양이어서 때로는 알아보지 못하고, 모서리 부분에 각이 없는 것으로 드러났다. 그들의 품성은 사회성이 있고 환경변화에 적응을 잘하는 점과 자신에게 관대하다. 글씨가 크고, 간격이 넓은 점이 현저하게 드러난다. 글씨 한 줄 속에서 그 사람을 알 수 있다는 사실뿐만 아니라, 행동거지 이전에 필적이 먼저 말한다는 강한 이미지를 풍겼다. 자신의 글씨 서체에 이미지를 부각시켜서 이름이 고유명사인 것처럼 '자필 폰트'를 개발하기도 한다.

나이가 들면서 먹물을 가까이해보겠다는 심사는 희미해져버렸다.

그나마 붓펜으로 시詩를 적을 때 붓끝의 감촉을 느껴본다. 예전에는 검정 잉크를 사용하여 먹물을 연상했는데, 요새는 바닷물 같은 청색의 잉크를 튜브에 가득 넣을 때 심연의 바닷물을 길어 올리는 기분이 된다. 만년필의 잉크가 묻어나와 지면을 물들여 줄 때가 참 좋다. 지면을 적시는 한 방울의 감성이 살아 움직여 싹을 틔워 줄 것만 같다.

생명력이 있는 글줄기가 될 수는 없을까.

글을 왜 쓰는가?

왜 글을 쓰는가? 그 질문에 죽비를 맞은 것처럼 정신이 번쩍 들었다.

소녀시절에는 문학소녀가 되는 꿈을 꾸었다. 20대 초에 제일 먼저 내 돈으로 사 본 책은 『타고르 시 전집』이다. 이십대 초기이니 지금 생각하면 여유 있는 살림도 아니었는데 어떻게 책을 살 마음을 가졌는지가 궁금하다. 월부로 얼마씩 주었다는 기억이 있을 뿐이다. 지금은 없어졌는데 갈색 양장본으로 책꽂이에 오랫동안 자리를 차지하고 있었지만 그 시에 마음의 둥지를 틀지는 못했다.

제2의 인생이라는 결혼 후, 큰아이가 초등학교에 입학하여 학부모 활동을 할 때가 제일 생동감이 있었다. 1988년, 여성백일장에 참여하여 입상한 덕분에 글쓰기를 시작하였다. 감성의 촉수를 키워보려는 노력을 하지 않았다. 단지 내 삶에 의미를 부여하고 아이들의 키재기를 늘어놓는 것이나 생활반경에 금을 긋는 일에 지나지 않았다.

삶이란 무엇이며 인간이란 무엇인가. 진정한 사랑이란 무엇인가. 나름대로 삶을 조명하며 살았다. 동인이던 한 시인이 "문학이 인간 구원의 문제에 답을 줄 수 있다."고 말할 때 그 이야기를 간과해 버렸다. 인간 구원의 문제는 종교 안에서만 가능하다고 믿었다.

그 시절, 나에게 문학이란 일종의 여기로 생각됐다. 왜 글을 쓰는가 이전에 어떻게 쓸 것인가에만 초점이 맞추어져 있었다. 그것도 글쓰기를 꼭 해야만 되는 것도 아니고 쓰지 않고는 못 배기는 심경도 아니었다. 좋은 글을 쓰기 위해서는 책을 많이 읽고, 많이 생각하고, 많이 써보라는 말에 마음을 두었다. 깜냥에 독서모임도 하고 있지만 글쓰기의 밑천까지는 되지 못했다. 나의 영적 게으름 때문에, 치열한 문학정신이 없기에 많이 써보는 일도 수월하지 않았다. 습작한 원고지가 발목 높이를 벗어나 무릎 정도까지 쌓이거나 허벅지 높이까지 올라야 수영선수가 헤엄을 치듯 글솜씨가 향상될 터인데 말이다.

가랑비에 옷 젖는다는 말이 있다. 동인활동을 하면서 문학이라는 창에 비쳐진 많은 일들을 보면서 조금이나마 깨달은 것이 있다. 제대로 문학인의 길을 걷도록 글은 인간의 마음을 정화시키고 정신적인 면이나 영혼에까지 부패하지 않는 생명력을 줄 수 있음을. 십 년이면 강산이 변한다는 말이 나의 글쓰기에도 적용되면 좋으련만 그 세월이 두 번이나 지났어도 고르지 못한 너덜길을 걷고 있다. 그럼에도 이제야 써야겠다는 마음과 다짐이 솟아남은 세월을 탄 덕분이다. 딸아이의 초등학교 시절에서 비롯한 글쓰기가 그 또래의 손주를 키우면서야 부활한 심사다.

글을 왜 쓰는가? 자신에게 거듭 물었다. 치유의 수단으로 글을 쓰고 싶었다. 살아가는 길모퉁이를 돌아 나오는 비상구 하나쯤 열 수 있었으면 했다. 자신은 물론 누군가에게도 내가 쓴 한 줄의 글줄기가 치유의 힘이 되었으면 하는 바람도 있다. 언젠가 우연히 걸려온 전화 한 통화가 그랬다. 나의 어머니에 대한 글을 읽고 마음에 감동이 밀려와 전화를 하게 되었노라고……. 이름도 안면도 모르고 서로의 어머니에 대한 이야기를 하며 훌쩍였다. 아마도 어머니의 얘기였기 때문에 소통이 잘되었을 것이다.

사람은 살아가면서 때로는 크고 작은 트라우마를 안고 살기 마련이다. 나를 반추하면서도 용기가 없어서 트라우마를 떨치지 못할 때, '지금 이 순간'을 잘 살기 위해 나의 정체성을 잃지 않으려고 글을 쓰고 싶었다. 내가 추구하는 것들을 곱새기거나 내면화시키는 글쓰기라면 좋겠다. "우물물의 온도는 일 년 내내 18도를 유지하지만 여름에는 시원하고 겨울에는 따뜻하다."는 말을 마음의 심지처럼 여긴다. 내가 어떤 인간관계에서도 수평을 이루려 하고 평상심을 유지하려고 갈등하는 이유다. 내 글이 우물물이었으면 좋겠다.

무엇보다도 나만의 시간과 공간을 갖고 싶다. 책을 읽고, 생각하고, 글을 쓴다는 것은 나의 유일한 성채를 짓는 일이다. 성문의 빗장을 걸어 잠그면 내가 성주가 되고 성루의 누각에 올라 유유자적할 수 있다.

나의 인간구원의 문제를 종교에서 그 뿌리를 찾았다면, 글쓰기는 줄기나 가지쯤에서 새 잎을 틔워 무성한 신록을 꿈꾸고 있다고 할까. 부족한 글쓰기이지만 이런 것 들이 나의 북극성을 찾아 나서는 길목이기도 하다.

6.

울밑에 선 봉선화야

베로니카를 만나다

겨자씨

취업 열매

시어머니 나오미와 며느리 룻

산골 음악회

울밑에선 봉선화야

문화행사를 접하기 어려운 시골교회에서 광복절기념 음악회를 열었다. 소프라노 성악가의 목소리가 교회 안을 흔들어 놓았다. 피아노연주와 기타연주를 하고 끝곡으로 「울밑에선 봉선화야」를 열창했다. 그리고 나서 봉숭아 꽃물들이기를 곁들였다. 봉숭아가 주제 같았다. 광복절과 봉숭아가 인연이 닿아있다. 생각해보니 울밑에 선 봉선화는 일제치하의 우리 민족의 모습이었으니까.

교회 뜰 600여 평 땅이 봉숭아밭이다. 긴 밭고랑을 거닐면서 그 많은 봉숭아꽃에 기함할 뻔했다. 이 넓은 땅에 사람이 먹을 것도 아닌데. 봉숭아 대공이나 줄기가 실하고 붉은 빛으로 튼실하다.

빨강, 주황의 다홍색이 맑고, 자주, 분홍, 하양 등의 색이 따가운 햇살을 품고 있다. 겹꽃은 보송보송하고 홑꽃은 단아하다. 봉선화, 봉숭아 두 이름이 다 표준어라 하는데 순우리말인 봉숭아가 더 정겹게 느껴진다. 울밑 장독대에 심어 귀신, 뱀을 쫓는다 해서 금사화라고도 한다.

봉선화. 봉황새를 닮았다는 꽃을 빤히 들여다본다. 날개와 깃, 발을 모두 갖춘 모양새라는데 전설 속으로 들어가야만 만날 수 있을 듯하다. 봉황은 벽오동나무에만 깃들이고 대나무열매만 먹는다는 고고한 새다. 그 고고함을 봉숭아꽃이 닮았다 한다. 내가 보기엔 고향에 두고온 소녀 같은 소박한 인상의 꽃이다. 그래서인지 아내의 부정을 의심한 남편에게 결백을 보이려 자결한 아내의 넋이 봉선화로 피어났다는 이야기가 가슴을 저민다. 라틴어로는 '참지 못한다'는 의미를 지녔다. 그 외에도 '날 건드리지 마세요'. 라는 꽃말이 당차다.

올해엔 광복절에 봉숭아꽃물을 들였다. 해를 거듭하니 꽃물들이기가 익숙하다. 봉숭아물 들여주는 어르신은 교직에 있을 때부터 삼십 년 넘게 봉숭아물들이기를 실행하고 있단다. 꽃을 괭이밥이랑 백반이랑 짓이겨서 조그만 플라스틱통에 담아 나누어준다. 손가락에 맞게 비닐 봉투도 만들었다. 남자어르신이 줄서서 기다리는 사람들에게 봉숭아꽃밥을 손톱 위에 얹어 묶어준다. 경이롭다. 어린이, 어른 가리지 않고 애환이 깃든 정서와 향수를 심어주기 위해서라 했다.

살피꽃밭에 봉숭아씨를 심었다. 복날이 지나기 전에, 꽃잎을 장만하려고 봉숭아꽃 앞에 앉았다. 꽃도 복날을 타서인지 여기저기 뜯겨져 볼품이 없다. 여러 손길을 탄 게다. 꽃물이 들기는 꽃보다 이파리가 더 잘 든다. 눈에 잘 띄지 않는 밑줄기에서 시든 잎을 따려는 순간, 세미한 소리가 들렸다. 스스스스 쓰으쓰윽. 흉내 내기 어려운 소리를 찾아 봉숭아 밑을 살피다 소스라치게 놀랐다. 내 검지만 한 크기의 흰색 바탕에 붉은 점박이와 갈색무늬가 있는 애벌레 두 마리가 꽃잎을 시식하고 있었다. 흰색 바탕의 붉은 점박이는 볼 만했는데, 두 마리가 사랑놀음을 하고 있는 듯했다. 처음 보는 벌레여서 섬뜩하면서도 경이롭게 바라보았다. 사람만 봉숭아꽃을 노리는 게 아니라 벌레도 봉숭아를 갉아먹고 있다니.

박완서의 「열다섯 살의 8월 15일」이 떠올랐다. 두메산골로 피난 가서 해방을 맞이한 때의 이야기다.

"오래비 있는 계집애는 칠월 봉숭아는 못 들인다. 봉숭아는 음력 칠월을 넘기면 줄기에서 벌레가 생기는데 그 벌레는 밤이면 계집애를 홀리는 총각으로 변신해서 처녀 방을 넘본다."며 할머니는 봉숭아를 뽑아버려야겠다고 하셨다. 소녀와 여자들의 꽃물들이기에 얽힌 이야기다.

복날이 지나가기 전에 물이 잘 들여진다고 했다. 손톱에 든 꽃물이야 그해 겨울이면 사라졌다. 발톱에 든 물은 이듬해 꽃이 필 때까지 꽃을 잇대고서야 사라졌다. 봉숭아꽃과 꽃물은 언제까지나 우리들의 여름을 지켜볼 것이다. 광복절에 봉숭아 꽃물들이기를 하기 위해 너른 땅에 봉숭아를 심는 손길의 염원이 뜨거운 여름을 달군다.

열다섯 살 소녀가 우리나라 땅에서 광복절을 맞이할 수 있었다는 것은 행운이었다.

올 봄 「귀향」 영화를 보았다. 나비로 돌아온 소녀들의 한을 어이할까. 그리고 소녀상이 되어 이국만리까지 떠돌이별이 되는 슬픔을 어이할까.

베로니카를 만나다

여자의 일생을 되돌아보면서 여성성을 강하게 느끼게 되는 때를 생각해보았다. 여러 가지 여성의 상징 중에 달거리를 생각한 것은 혈루증 여인 때문이었다.

우주의 원리에 의해 주어진다는 달거리 덕에 신비한 생명을 잉태하는 기적을 체험하기도 한다. 기쁨, 희열, 고통……. 의미심장한 단어를 경이롭게 느낀 것은 출산 후 오랜 뒤였다. 여성으로 지음 받았다는 사실이 성경에서 말하는 신묘막측神妙莫測 이란 단어를 떠올리게 했다. 열두 해를 혈루증을 앓고 있는 여인은 달거리가 아님에도 계속 하혈을 하였다. 여성으로서 가장 고통스럽고 부끄러운 일이었다. 다행히 이 여인에겐 재산이 있어서 병을 치료하기 위해 여러 의사에게 치료를 받았음에도 불구하고 그녀의 병은 낫지 않았다. 오히려 의사에게 많은 괴로움을 받았다고 말한다

이스라엘에서는 나병환자나 유출증이 있는 자는 부정하다 하여 가족이나 친척, 공동체에서도 퇴출되어야 했다. 출혈이 있는 자는 이레 동안 불결하여 그가 누웠던 자리와 앉았던 자리도 부정하게 여겼다. 또 그 침상이나 옷을 만진 자까지도 부정하여 몸을 씻어야 했다.

이런 엄격한 규율이 있는 사회에서 열두 해 동안을 부정한 사람 취급을 받고 산다는 것은 끔찍한 일이다. 부정한 것이 두려운 것은 가족과 가정이 파괴될 뿐만 아니라 공동체에서 제외되어 공적인 장소인 성전에도 갈 수 없기 때문이다.

이 여인의 삶을 보면 얼마나 힘들고 무거웠을지 감히 추측할 수도 없다. 구약성서 레위기에 보면, 아이를 낳은 여인은 월경할 때와 같이 부정하다고 말한다. 그 기간에는 성물을 만지지도 말며 성소에 들어가지도 말라고 한다. 성전을 더럽히면 죽음에 이르기도 했다. 언젠가 우리 교계에서도 한 목사가 여성을 비하하는 기저귀 발언을 하여 파문을 일으킨 적이 있다. 이 혈루증 여인에게 간절함이란, 처음에는 병을 고치는 것이었지만 오랜 투병 끝에 오는 것은 좌절감과 모멸감뿐이었을 것이다.

예수님이 걸어가는 대열에 혈루증 여인이 끼게 되었다. 부정

한 여인이어서 자신을 드러내놓을 수도 없다. 그녀를 손에 닿기만 해도 부정한 사람으로 취급하는 판에 낀다는 사실 자체가 이미 사생결단한 각오였을 것이다. 예수님 앞에 나아가 자신의 병을 고쳐달라고 말도 못하고 따라가다가, 얼마나 간절한 마음이면 벼르고 벼르다가 두렵고 떨리는 손길로 예수님의 옷자락을 만졌을까.

"누가 내 옷에 손을 대었느냐?"

여인이 옷자락을 만진 순간 혈루증이 나음과 동시에 예수님은 자신에게서 능력이 빠져 나간 것을 아신 것이다. 많은 무리들이 밀치고 했겠지만 여인의 의도적인 행위에 예리하게 반응하신 예수님 앞에 여인은 이실직고할 수밖에 없었다.

"딸아, 네 믿음이 너를 구원하였으니 평안히 가라. 네 병에서 놓여 건강할찌어다."

여인의 간절한 마음을 아신 예수님은 구원과 치유를 선포해 주시므로 여인은 지옥 같은 삶에서 해방되었다. 정말 여인에겐 믿음이 있었다. 예수님의 옷자락만이라도 만지면 나을지도 모른다는 실낱 같은 희망에 선뜻 만지지도 못하고 기회를 보다가 살짝 만졌으리라. 예수님의 민감한 반응에 여인의 심장이 멎어버렸을 것 같은 생각이 들었다. 그 여인의 남은 인생은 가톨릭 전승에 의해 승화되었다.

이스라엘 성지를 돌아보는 중 순례자들에게 가장 고조되었던 여정이 바로 '비아돌로로사' 길이다. 라틴어 비아(길이라는 뜻) 돌로(슬픔) 로사는 빌라도 법정에서부터 골고다 언덕까지 800여 미터 되는 슬픔의 길을 말한다. 우리 일행을 인도하는 분은 실제로 나무십자가를 지고 체험케 하려고 인적이 드문 꼭두새벽에 도착했지만 현지 사정으로 하지 못했다. 슬픔의 길을 걷는 내내 머릿속으로만 느꼈던 고통의 무게에 눈시울이 뜨거워졌다. 십자가를 져보지도 않았지만 마음의 짐까지 묵묵히 걷는 발걸음에 무겁게 내려앉았다. 부활절을 앞둔 사순절기여서 새벽공기는 싸늘하여 옷깃을 여미게 했다. 그런 날씨 상황에도 예수님은 피와 땀으로 적셔진 모습이었다니 몸의 한기가 더해졌다.

예수님이 십자가를 지고 간 흔적을 상징하는 14곳이 있다. 십자가, 가시관을 쓰신 곳이나 쓰러지신 곳 등을 표시해 놓았는데 6번째 지점이 베로니카 이야기가 생긴 곳이다. 주인공이 바로 가이사리아 빌립보에 살았던 혈루증의 여인이란다. 로마병정의 삼엄한 호위 속에 피땀 흘리며 고뇌하는 지친 예수님의 얼굴을 자신의 옷자락(수건)으로 닦아주었다.

그 수건에 예수님의 얼굴 모습이 혈흔으로 남아 있어 이야기꽃을 피운 것이다. 예전에 예수님의 옷자락을 만질 때 사생결단하는 마음은 자신을 위한 모험이었다. 이제는 병 고침을 받았던 여인이 십자가를 지고 고난의 길을 가는 예수님의 위로자가 되어주었다. 평생 예수님의 발자취를 따르며 살았을 것이고 세리장인 삭개오와 결혼하였다고 전승된다.

미국인 조지 프레드릭 박사는 이 여인의 일을 찬송시로 짓고 작곡했는데 우리가 사용하는 찬송가 529장이다. '큰 무리 주를 에워싼 중에' 한 여인 따르며 주의 권능을 믿고 옷자락 끝을 만져 병이 나았음을 노래했다. 우리 교계의 목사 작시로 「옷자락 잡고 섬기게 하소서」 라는 곡도 합창연주로 들었는데 은혜로웠다. 부정한 여인으로 낙인 찍히어 살던 여인의 믿음의 행위를 선포해주신 의미를 알 듯했다.

사순절기를 지나면서 성지를 관광하는 마음으로 세상을 살아가는 것은 아닌지 돌아본다. 나에게도 예수님의 옷자락을 잡을 담대함이 있기를 소망하면서.

*참고 : 신약성서 마태복음. 마가복음.
구약성서 레위기 .

겨자씨

겨자씨에 대한 비유를 익히 알고 있지만 씨앗을 본 일이 없었다. 이스라엘에 다녀오신 목사님이 겨자씨라며 엽서 한 장을 주셨다. 씨가 너무 작아서 보관하기가 어려워 카드에 스카치테이프로 밀봉을 한 채였다.

흔히 가장 작은 씨앗이라더니, 볼펜 심지를 콕 찍은 모습만 하다더니, 그러려니 했다. 씨앗을 보면 흙속에 심고 싶은 충동이 인다. 스카치테이프에 밀봉된 씨앗이 의심스러웠지만 어린아이처럼 흙속에 묻었다고 해야 할까. 싹은 나오질 않았다.

겨자나무는 갈릴리 지방에서 많이 자라는 일년생 식물이다. 4월쯤에 가장 많이 자라고 4미터까지 자란다고 한다.

이스라엘의 갈릴리지방을 여행하며 들길을 돌아다니다가 겨자밭에 이르렀다. 언덕에 즐비한 겨자는 우리나라의 붉은갓처럼 어두운 보라색을 띠었으나 키는 어른의 허리춤을 벗어나 가슴팍까지 닿았다. 자잘한 노란 꽃을 만개한 채 하늘거리는 가지들 사이에서 사진을 찍었다. 유채밭을 연상하면서 즐겼다. 한 가지를 꺾어 책갈피에 꽂았다. 책에서 본 겨자나무와 판이하게 달랐다. 마치 목백일홍과 백일홍이 다른 것처럼.

우리 일행을 안내하는 현지인을 통해 겨자씨를 구입했는데 예전에 보았던 게 아니다. 크기나 노르스름한 색을 보나 조처럼 생겼다고 해야 할까. 예전에는 가장 작은 씨앗이라는 오해가 있어 담배씨앗을 팔았다고 전한다. 아뿔사. 한국에서 이스라엘에 유학 온 목사님이 가이드인데, 당신도 현지에 와서야 다시 알게 되었단다.

나는 겨자씨의 비유를 다시 생각해보았다.

성경에서 "다른 나물보다 커서 공중의 새가 깃들인다." 했음에도 앞부분에 생각을 주기보다는 뒷부분에 생각을 꽂아, 공중의 새가 깃들일 수 있는 나무라고 생각한 것이다. 나무숲에만 새가 깃들이는 게 아니라 억새 숲에도 새들이 깃들이고 노는데 말이다.

이스라엘에서는 원줄기에 곁가지가 있는 것들을 나무라고 말한다. 그제서야 나물과의 다른 점을 깨달았다. 나물은 많이 나 있어도 밭 그대로이지만 겨자씨는 나물보다 커서 숲을 이룰 수 있으며 그 사이에 새들이 깃들일 수 있다는 이야기다.

교회 화단에 겨자씨를 뿌리고 물을 흠뻑 주었다. 오가며 유심히 살피던 내 입가에 미소가 번졌다. 얼마나 배게 뿌렸는지 뾰글뾰글 새싹들이 우부룩하다. 농사일에 익숙한 권사님이 씨를 이렇게 뵈게 뿌려서 어떡하냐며 호미로 솎아냈다. 거름기도 없이 메마른 땅이어선지 가냘프게 자라났다. 내 발목을 넘고 무릎을 웃돌아 허리춤까지 닿았지만 진딧물이 많았다. 노르스름한 여린 꽃이 피었는데 씨를 맺지는 못했다. 화단 길목을 지날 때 만나는 이들에게 겨자씨 이야기를 해주었다. 겨자씨 열매를 수확해야 다음해를 기약할 수 있는데, 아쉬웠다.

묵은 씨앗만이 내 서랍에 남아있다.

씨앗이란 흙에 심어, 싹을 틔우고, 꽃을 피우고, 열매를 맺을 때에야 의미가 있다. 묵은 씨앗은 생명력이 약해져서 싹을 틔우는데 실패할 수 있다. 또 다른 겨자씨를 보았지만, 겨자씨 비유가 상징하는 것은 생명력과 성장하는 비결에 있고 새들이 깃들일 보금자리를 내어주는 일에 마음을 얹는다.

쥐엄열매

성경의 탕자 이야기에 나무열매가 나온다. 바로 쥐엄열매다.

이스라엘 여행 중 팔복교회 주변을 거닐었다. 산상수훈, 여덟 가지 복을 선포했다는 상징으로 지붕이 팔각형으로 되어있다. 예루살렘 성전이 내려다보이는 언덕 위에 있다. 뜰에서 뭇사람들의 발길에 차이고 밟혀서 반질반질 윤기가 흐르는 씨알을 몇 알 주웠다. 쥐엄나무는 도로변에 키 큰 가로수로 심어져 있었다.

삼월에 여행을 했기에 돌아오자마자 화분에 심었는데 용케 싹이 났다. 세 그루였다. 떡잎이 가냘프게 두 장씩 어긋나며 나왔는데 푸른색이기보다 갈색에 가까웠다. 겨울나기를 하면서 우리나라의 기후와 맞지 않아 걱정을 했는데 베란다에서 무사히 한 살을 먹었다. 아직도 어린 묘목에 머물고 있지만 나무로 치자면 나이테가 하나 둘 늘어가고 있다.

쥐엄열매는 콩과식물로 길쭉한 꼬투리 속에 몇 개의 씨알이 들어있다. 씨알을 빻은 후 물에 넣고 죽을 끓여 짐승의 먹이로 쓴다고 한다.

돼지는 유대인들이 가장 싫어하는 동물이다.

"돼지는 굽이 갈라져 쪽발이로되 새김질을 못하므로 너희에게 부정하니, 너희는 이 고기를 먹지 말고 그 주검도 만지지 말라. 이것들은 너희에게 부정하니라."

율법서의 말씀이기도 하지만 돼지 사육이 위생이나 건강에 좋지 않기 때문이다. 그런가 하면 돼지에 얽힌 치욕스런 역사가 있다. 시리아가 이스라엘을 다스릴 때 성전에 돼지머리를 놓고 절하게 하여 많은 순교자를 내었다고 한다. 이렇게 혐오스런 돼지가 먹는 쥐엄열매이기에 환영받지 못하는 열매인 것이다.

탕자의 비유는 두 아들에 관한 이야기다. 둘째아들이 아버지에게 자기의 분깃을 달라고 하니 아버지가 그의 몫을 주었다. 아들은 그 재산을 밑천 삼아 부자가 된 게 아니라 허랑방탕하여 빈털터리가 되었다. 오죽했으면 돼지치기로 입에 풀칠을 하면서 돼지가 먹는 쥐엄열매를 먹는 처량한 신세가 되었다.

탕자는 아버지 집에 돌아가 아들이기를 포기하고 품꾼으로라도 살기를 원했다. 아버지는 귀환한 아들을 측은하게 여기고 목을 안고 입을 맞추어 맞이하고 잔치를 베풀었다. 아버지의 사랑으로 아들과의 관계를 회복시킨 것이다.

오늘날 우리의 삶 속에도 탕자가 많이 있다. 부모의 생명까지 해치는 일들이 우리를 놀라게 한다. 탕자는 허랑방탕한 인생을 사는 것도 문제지만 그 마음 속에 부모를 거스르는 근본 없는 마음을 지닌 것이 더 큰 문제다. 돌아온 아들을 위한 잔치를 못마땅히 여긴 큰아들도 부모를 헤아리지 못한 것이다. 서로 사랑하지 못한 것이다.

이스라엘의 거리에서 가로수로 사연을 간직하고 있던 쥐엄나무. 『탈무드』에서는 사람들이 회개할 때 이 음식을 먹었다고 한다.

쥐엄나무에 물을 줄 때마다 탕자와 같은 삶을 살지 않아야 할 것을 교훈으로 받는다. 이 나무가 잘 자라면 교회 뜰에 심어 많은 사람에게 탕자의 이야기를 들려주리라.

시어머니 나오미와
며느리 룻

몇 해 전의 일이지만 아직도 회색도시처럼 여겨진다. 성지순례길로 베들레헴 땅을 밟았을 때 위기의식이 감돌았다. 철의 장막처럼 군이 무장된 가자지구 초소에서 많은 시간을 기다리고 긴장감이 고조된 후에 통과되었다. 머릿속에 상상했던 예수님이 탄생한 마굿간이 있고, 목동들과 동방박사들이 경배했다던 아름다운 역사가 깃든 전원의 배경은 퇴락해버린 지 이미 오래다.

이스라엘에 사사들이 다스리던 시대에 가뭄이 들었다.

베들레헴에 살던 엘리멜렉과 나오미는 말론과 기룐, 두 아들을 데리고 흉년을 피해 풍년이 들었다는 모압 지방으로 이주한다.

모압이라는 지역은 아브라함의 조카인 롯의 후손들이 사는 이방인지역으로 저주 가운데 있었다. 엘리멜렉이라는 이름에는 '나의 하나님은 왕이다.'라는 의미를 지니고 있음에 모압으로 내려가는 것은 어울리지 않은 선택이었다. 엘리멜렉은 그곳에서 생을 마감했다. 두 아들인 말론과 기룐은 룻과 오르바와 결혼을 하였는데 모압여자인 이방인이다. 한 십 년쯤 살았을까, 말론과 기룐 두 아들까지 죽어서 세 과부만 남는 불행을 당하였다. 말론이라는 이름에는 '질병'이라는 의미가 있고 기룐의 이름에도 '허약하다'라는 뜻이 있는 것을 보면 이름자에 이미 인생이 주어진 듯하다.

이스라엘과 모압을 가르는, 갈대가 무성한 강가 언덕에서 세 여인의 이별장면이 펼쳐진다. 이제 세 과부의 마지막 여정이 시작된다. 시어머니인 나오미는 떠나온 베들레헴에 풍년이 들었다는 소식을 듣고 고향으로 돌아갈 것을 결심한다. 남편도 죽고 없는 이십대 청상과부인 두 며느리에게 친정으로 돌아가 새로운 가정을 갖기를 바라고 입맞춤으로 이별을 고했다. 두 며느리는 어머니와 함께 남편의 고향으로 돌아가겠다고 소리 높여 울었다.

시어머니는 말한다. "내 딸들아, 돌아가라. 어찌 나와 함께 가려느냐? 태중에 너희의 남편 될 아들들이 아직 있느냐?" 이스라엘의 결혼제도는 혈통주의로 형제들이 결혼을 이어가야 했기에 나오미는 절규한다. 나오미는 여호와께서 자기를 치셨다고 고백하면서 자신보다 홀로된 두 며느리를 보는 것이 더 마음 아파 눈물지었다. 오르바는 시어머니에게 더 이상 고통을 드리지 않아야겠다고 통곡하며 눈물로 입맞춤하고 친정으로 돌아갔다. 오르바 이름이 '돌아간다'는 뜻이란다. 오르바는 이방인과 결혼하여 남편이 죽고 보니 친정에 돌아간다 해도 파란만장한 삶이 기다리고 있을 것이다.

나오미는 동서가 돌아가는 것처럼 룻도 돌아갈 것을 권하지만 룻은 강경하게 뜻을 굽히지 않는다.

"어머니가 가시는 곳에 따라가고 어머니가 사는 곳에 살겠습니다."

"어머니의 백성이 나의 백성이 되고 어머니의 하나님이 제 하나님입니다."

"어머니가 돌아가시는 곳에서 저도 죽어 같이 묻히겠습니다."

"오직 죽음만이 우리를 갈라놓을 수 있을 것입니다."

룻의 고백을 보면, 이방인이지만 하나님을 아는 여자였다. 시댁에서 믿는 하나님을 믿게 된 것이다. 자신이 홀로된 시어머니를 섬기겠다고 자기의 민족과 자기들이 믿는 신을 저버리고 혈육을 두고서 따라나선다. 룻 이름에 '친구', '연대하다'라는 뜻이 있어서였는지 시어머니와 동행하는 친구가 된 것이다. 여느 시어머니 경우는 '아들 잡아먹었다' 하겠지만 며느리를 진정으로 위하였듯이 며느리도 시어머니를 귀하게 여겼다.

모압(현재 지명으로 요르단)에서 베들레헴까지는 70킬로 정도로 2박 3일의 여정이다. 나오미와 룻이 베들레헴에 돌아왔을 때 보리 추수가 한창이었다. 고향에 돌아온 나오미의 이야기가 화제가 되었다. 부를 누렸던 남편과 두 아들은 죽고 이방여인과 돌아온 자신을, '기쁨'이라는 뜻을 지닌 '나오미'라 부르지 말고 '쓰다'라는 의미를 지닌 '마라'라고 부르라 한다. 고향에 돌아왔지만 당장 끼니를 갈망해야 할 처지라 룻은 보리이삭을 주워야 했다. 보리가 일용할 양식이고 가난한 자를 위하여 추수가 끝난 다음에 이삭을 줍게 했다.

룻은 우연히, 부자인 보아스의 밭에서 이삭을 줍는다. 마침, 밭을 둘러보러 온 보아스와 만난다. '우연히' 와 '마침'이라는 언어에서 보이지 않는 어떤 손길이 있다. 보아스는 낯선 소녀가 나오미의 며느리임을 알고 이삭을 줍게 하고 음식도 나누는 호의를 베푼다. 또 일꾼에게 보리를 한 줌씩 흘려주도록 하고 집에 돌아갈 때는 보리 한 에바, 20㎏ 정도를 안겨준다. 룻은 집에 돌아와서 시어머니에게 밭에서 있었던 일을 말했다. 시어머니는 '보아스가 우리 집안의 기업을 되찾아 줄 자 중의 한 사람으로 시아버지의 가문에서 유능한 사람'이라고 말했다. 나오미는 과부를 보호하기 위한 이스라엘의 고엘제도를 염두에 두었다. 그 당시 고엘제도는 약자보호법으로 과부를 구제하기 위해 남편의 가문 중에서 혈통을 이어주고, 잃었던 토지를 되찾아 주어 과부의 살 길을 마련해 주는 법이다.

보아스는 나오미의 남편인 엘리멜렉의 친족으로 능력자였다. 보아스는 룻에게 남편이 죽었지만, 고국을 떠나 여호와의 날개 아래 보호를 받으러 온 것에 상 주실 것과, 시어머니에게 행한 대로 보답하시기를 축복한다.

나오미는 며느리의 앞날을 위하여 귀띔해준다. 소위 며느리의 팔자를 고쳐주려는 시어머니의 사랑이다.

"오늘 밤에 보아스의 타작마당에서 보리를 까불리라."

"너는 목욕하고 기름을 바르고 의복을 입고 그 사람이 먹고 마시기까지 보이지 말라."

"그가 누울 때에 눕는 곳을 알았다가 그의 발치 이불을 들고 거기 누우라. 그리고 그가 시키는 대로 하거라."

룻은 시어머니가 시키는 대로 보아스가 잠이 들자 발치께 이불 속에 누웠다. 한밤중에 돌아눕던 보아스가 깜짝 놀라 묻는다.

"나는 당신의 시녀 룻이오니 당신의 옷자락으로 나를 덮으소서."

"당신은 우리 가문의 기업을 무를 자가 됩니이다." 라고 고백한다.

보아스는 룻이 현숙한 여인임을 알고 젊은 남자를 구하지 않은 점도 칭찬했다. 룻이 타작마당에 들어온 사실이 알려지지 않게 얼굴을 알아볼 수 없는 어둘 때에 돌아가도록 헤아려주었다. 자신보다 우선순위인 한 사람의 소견을 묻고 회피하면, 자신이 책임을 다할 것을 하나님께 맹세하고 보리 6되를 담아준다. 룻은 가슴 졸이지만 시어머니는 보리 6되를 보내준 보아스의 의중을 알고 안심한다. 보아스는 여러 증인들을 세우고 절차를 밟아서 룻을 아내로 삼고 엘리멜렉과 기룐과 말론의 가문을 회복시켜준다.

룻은 임신하여 아들을 낳아 시어머니 품에 안겨주었다.

나오미의 삶을 지켜보던 여인들이 "일곱 아들보다 귀한 며느리가 낳은 아이!"라고 축복해준다. 나오미가 아들을 낳았다고 하며 이름까지 '오벳'이라 지어주었다. 오벳은 바로 이새의 아버지이고, 다윗의 할아버지가 되는 셈이다.

이방여인이지만 예수님의 족보에 오른 룻을 보면서 그 반열에 섰던 기생 라합을 떠올렸다. 여리고성에서 주막집을 했던 라합은 여리고성을 정탐하러 왔던 두 젊은 남자를 삼대 밑에 숨겨주었다. 이스라엘의 하나님에 대해 잘 알고 있어서 자신의 구원을 저당 잡은 선의를 베풀었다. 라합은 후에 그 인연으로 살몬과 결혼을 했다. 라합이 낳은 아들이 보아스이니, 라합은 룻의 시어머니가 되는 셈이다. 룻에게 은혜를 베풀고 아내로 맞이한 보아스를 보면 어머니인 라합의 영향이 컸던 모양이다.

어버이주일에 나오미와 룻 이야기가 자주 등장한다. 시어머니에 대한 며느리의 지극한 효성에만 머물러 버린다면 하나님나라의 계보를 잇는 큰 물줄기를 놓친다. 오늘날 같은 다문화현실에서도 이방인의 편견과 갈등이 심각하다. 성공한 다문화가정을 이루는 것은 하나님의 특별한 은혜라는 생각이 든다. 다문화가정에서 시어머니와 며느리의 갈등이나 사랑을 보는 시각을 룻이 새롭게 보게 했다. 시어머니와 며느리의 인간적인 사랑의 굴레로는 감당할 수 없는 넓이와 깊이를 지닌 의미다. 나 역시 '룻기'를 대할 때면 시어머니를 생각하게 되고 풀어내야 할 숙제를 안고 사는 기분이다.

어떤 신학자는 룻기를 '영롱한 진주'라고…….

독일의 시인 괴테는 "룻기는 우리에게 전해진 전설문학 가운데 가장 아름답고 아담한 전원시"라고…….

베들레헴에 '영롱한 진주'가 아름다운 이야기꽃으로 다시 피어나는 시절이 오기를 고대한다.

*구약성경 '룻기'를 읽으며

산골 음악회

땅거미가 지는 어슴프레한 시간에 집을 나섰다. 홀로 산골음악회를 찾아 나서려니 주춤거려지던 마음이 일단 나서자 마음이 고조된다.

시가지를 벗어나 자동차 불빛만 따라가다 한적한 길로 접어들었다. 다듬어지지 않은 낯선 길에서 먼 산 위에 둥그레하게 붉은 달무리를 보니 한결 부드러워지는 마음이다. 신리수원지를 휘돌아 한참을 달리니 '시와 음악이 흐르는 산골음악회' 현수막이 보였다. 달빛에 자동차 불빛이 조명발이 되어 줄 뿐 사위는 어둠에 젖어있다.

우뚝 서 있는 검은 산과 산 위의 달빛만 고요한 곳에 아담한 교회가 있다. 교회 안에서 새어나오는 불빛 외엔 적막하기 그지없다. 일곱 시 반, 가을밤 풀벌레들의 음악회가 먼저 시작을 한다. 치르치르, 귀뚤귀뚜르…… 청아하고도 둔탁한 협주곡이다. 싸늘한 밤공기를 의식하여 창문을 닫으려니 "자연의 소리와 함께하자." 고 사회자가 말한다. 문을 열어두었다.

'시가 흐르는 서울'이 후원하여 '바닷가 작은 음악회'를 열었는데 청중이 두어 명이었단다. 그 소문을 듣고 목사님이 산골음악회를 섭외한 것이다. 목사님은 젊었을 때 음악선생님이었다. 노후에 목회를 하며 병원에서 호스피스 자원봉사자로 암환자들에게 수년간 호박죽을 끓여 먹이고 있다. 사택에는 늙은 호박들이 책꽂이의 책처럼 진열되어 있어 장관이다. 바로 그 호박죽 목사님이 된 셈인데 아름다운 인연으로 산골에서 음악회를 열게 되었다는 설명이다.

「님이 오시는지」, 시인은 시를 낭독하고 성악가는 노래를 불렀다.

「아름다운 것들」, 예전에 가끔 불러 보았지만 스코틀랜드민요인 줄도 몰랐다. 소프라노 성악가의 목소리가 시인의 감성을 지녀서인지 노래는 더욱 감미로웠다.

바리톤으로 「뱃노래」와 「고향생각」을 부르신 분은 외국에서 37년째 살고 있는데, 가을소식을 들려주러 왔단다. "슬리퍼를 신고 무대에 서보기는 처음."이라는 소리에 청중은 웃음으로 화답했다. 그가 가슴에 지니고 다닌다는 조그만 태극기를 펴 보였다. 조국이라는 것이 무언가. 그 순간 모국에서 사는 우리가 행복하게 느껴졌다.

아낌없이 박수와 앙코르를 외쳤다. 여성성악가에게 찬사를 보낼 때는 브라바! 남성에게는 브라보! 듀엣으로 노래한 팀에게는 브라비! 로 화답하라고 사회자가 귀띔했다. 30여 명 관객들은 브라바! 브라보! 브라비!와 박수갈채로 화답했다.

시와 노래가 흐르는 가을밤이 깊어가는데 기어코 마음속 저 깊이 묻어 두었던 속울음을 길어 올리고 말았다. 심순덕 님의 시 「엄마는 그래도 되는 줄 알았습니다」를 낭송하는 시인은, 열 명이 넘는 자녀 중 한 아들로서 당신의 어머니를 그리고 있었다.

"엄마는 그래도 되는 줄 알았습니다.

외할머니 보고 싶다, 그것이 그냥 넋두리인 줄만 알았습니다.

한밤중 자다 깨어 방구석에서 한없이 소리죽여

울던 엄마를 본 후론…

아! 엄마는 그러면 안 되는 것이었습니다."

낭송이 끝날 때쯤엔 속울음을 달랠 수가 없었다. 관객들은 저마다 어머니의 초상화를 안고 있는 듯했다. 태연하려 애썼지만, 손수건을 꺼낸 손이 얼굴로 올라가는 뒷모습을 보면서 같은 마음인 것을 눈치챘다. 바쁜 일상에서 잊고 있던 어머니의 모습이 끼어들었다.

언젠가 이 시를 낭송하기 위해 한복을 입으려고 준비하는 과정에서 어머니를 떠올렸었다. 결혼할 때 파티복으로 입었던 한복을 손질했다. 어설픈 솜씨로 저고리의 동정을 달면서 몇 번씩 바늘에 찔렸다. 좁고 긴 동정을 어머니는 곱게 꿰매셨다. 아이보리색 공단에 금사로 나비가 수놓인 저고리의 섶이 맞질 않았다. 몸이 제법 불어서 말이다. 결국 핑크빛에 하얀 털이 둘러있는 시어머니의 한복 조끼를 덧입었다. 낭송자들이 무대복으로 드레스를 빌려 입어 화려했지만 어머니를 떠올리기에는 다함이 없었다. 38년 전에 입었던 한복을 손질해 입으면서 어머니에 대한 여러 가지 감회를 느꼈었다.

산골음악회는 〈외갓길〉, 〈강대나무〉, 〈그리움〉, 〈가을이 와서야〉등 시인이 낭송을 하고 테너는 고도의 감성표현으로 우리를 휘감았다. 산골음악회가 막을 내리고 정담이 익어갈 무렵 뜨락 가득히 달빛이 쏟아져 내렸다. '시가 흐르는 서울' 회원들의 발걸음에 가을밤 달빛과 별빛이 찬란하게 내리비쳤다.

사람 향이 그립다

장효근 수필집

인쇄 2016년 10월 23일
발행 2016년 10월 28일

지은이 장효근
발행인 서정환

펴낸곳 수필과비평사
주소 서울시 종로구 삼일대로 32길 36, 301호(운현신화타워 빌딩)
전화 (02) 3675-5633, (063) 275-4000 · 0484 · 6374 **팩스** (063) 274-3131
이메일 essay321@hanmail.net, sina321@hanmail.net
출판등록 제465-1984-000004호 **인쇄 · 제본** 신아출판사

저자와 협의, 인지는 생략합니다.
잘못된 책은 바꿔 드립니다.

값 13,000원
ISBN 979-11-5933-056-8 03810

이 도서의 국립중앙도서관 출판시도서목록(CIP)은 서지정보유통지원시스템 홈페이지(http://seoji.nl.go.kr)와 국가자료공동목록시스템(http://www.nl.go.kr/kolisnet)에서 이용하실 수 있습니다.(CIP제어번호: CIP2016025364)

이 책은 한국문화예술위원회의 문예진흥기금을 보조 받아 제작되었습니다.

Printed in KOREA